넌 네가 얼마나 행복한 아이인지 아니?
북한 아이들 이야기

넌 네가 얼마나 행복한 아이인지 아니?

북한 아이들 이야기

글 이은서 | 그림 강춘혁 | 감수 (사)북한인권시민연합

추천의 글

청사초롱 함께 들고 통일의 길을 걷는 우리 모두에게 권하는 책

    6년 전 초여름, 사무실 뒤꼍 구석에 자그마한 화단을 만들어 봉숭아 씨앗을 심었습니다. 매일 정성스레 물을 주었더니 싹이 트고 하루가 다르게 쑥쑥 자랐습니다.

    그러던 어느 날 아침, 뒷문을 열다가 깜짝 놀랐습니다. 밤새 내린 폭우에 봉숭아 줄기가 일제히 꺾여 버린 것이었습니다. 세찬 비바람이 불어닥칠 것을 미리 생각해 주지 못한 것이 정말 미안했습니다. 그렇게 미안한 마음에 하나하나 일으켜 버팀목을 대 주었습니다. 그 후로는 날이 갈수록 줄기가 다시 굵어졌고 세찬 비바람에도 다시 쓰러지지 않았습니다. 그런데 자세히 보니 꺾여서 상처가 나 검붉게 변했던 부분은 다른 곳들보다 더 굵어져 있었습니다. 줄기 속에서 수액이 흘러나와 상처를 아물게 한 것이 분명했습니다.

    모진 비바람을 맞고도 작은 희망 하나로 세워 준 버팀목에 의지해 다시 일어서는 봉숭아의 생명력에 감탄하며 우리 아이들을 떠올렸습니다. 북한 땅에서 태어났다는 죄 아닌 죄로 그 끝조차 보이지 않는 시련을 겪고 있는 북한 어린이들, 목숨 걸고 두만강을 건너도 돌봐 줄 부모가 없어 중국 땅을 헤매며 설움과 고통을 겪는 탈북 어린이들 말입니다. 어른들도 감내하기 어려운 무수한 시련에도 불구하고, 남한으로 온 뒤로는 지난 고통을 가슴에 묻고 열심히 살아가는 훌륭한 탈북 어린이들은 그 여름의 봉숭아들과 너무나 닮았기 때문입니다.

　대부분의 북한 어린이들과 중국 땅을 헤매는 탈북 어린이들이 지금 이 시간 어떤 어려움을 겪고 있는지를 있는 그대로 이해하는 것보다 더 시급한 통일교육이 있을까요? 대한민국의 어린이들에게는 어느덧 우리 곁으로 다가온 탈북 어린이들과 좋은 친구가 되고, 서로 도우며 함께 살아갈 준비가 필요합니다.

　이 책이 우리 아이들로 하여금 '사람의 통일'을 향해 함께 나아갈 수 있도록 길을 비춰 주는 청사초롱이 되리라 믿습니다.

사단법인 북한인권시민연합 이사장 **윤현**

작가의 말

내가 할 일은 북한 사람들의 삶을 전해 주는 거예요

여러분은 북한 사람들에 대해 어떤 생각을 갖고 있나요?

저는 이 글을 쓰기 전까지 아무런 생각이 없었어요. 텔레비전이나 인터넷을 통해 북한의 어려운 소식을 들어도 그저 '불쌍하고 안됐다' 하며 금세 잊어버렸지요. 모두 남의 일처럼 느껴졌거든요.

그런 제가 이 글을 쓰면서 정말 많은 사람들을 만났습니다. 자신이 태어나고 자란 조국을 떠나 낯선 한국 땅에서 살게 된 어린 학생부터 북에 계신 부모님을 모시고 오기 위해 밤낮으로 고된 일을 하는 청년, 미처 데려오지 못한 자식들 때문에 밥 한 술 뜨는 것도 목에 걸린다는 아주머니, 그리고 그들을 위해 목숨까지 걸고 일하시는 분들까지. 그분들을 만나며 전 참 많이 부끄럽고 미안했어요. 나 같은 사람이 그들의 이야기를 담아낼 자격이 있나 싶어 괴로웠지요. 시간이 지날수록 내가 해서는 안 될 일이라는 생각이 많이 들었습니다.

이런 마음으로 글을 쓰기가 버거워 털어놓자, 새터민 한 분이 이렇게 말씀

하셨어요.

"당신이 할 일은 부끄럽고 미안한 마음까지 담아 그들의 삶을 알려 주는 겁니다. 예전의 당신과 같은 마음을 가진 사람들에게 말입니다."

그제야 꽉 막혀 있던 숨통이 트이는 듯했어요. 숨고 도망칠 때가 아니란 걸 깨달았지요. 더 많은 분들을 만나 부딪치고 그들의 이야기를 담아야 한다는 걸 알았어요. 그리고 움직였습니다.

발로 뛰는 사이 겨울과 봄과 여름이 지나갔습니다. 제 책상에는 취재를 하며 만났던 사람들의 이름이 늘 붙어 있었어요. 그 이름들은 힘들다고 투정부리는 나에게 따끔한 충고를 해 주고 위로를 해 주고 용기를 북돋워 주었어요. 그리고 많이 부족하지만 한 권의 책이 완성됐습니다.

혼자서는 어림도 없는 일이었어요. 가슴 저민 이야기도 스스럼없이 털어놓아 주신 그분들이 있었기에 가능했습니다. 늦었지만 진심으로 감사합니다. 북한인권시민연합과 이영환 팀장님, 김옥남 편집자님, 고맙습니다.

가을의 문턱에서 **이은서**

그날이 올 때까지
마음껏 그림을 그릴 거야!

애들아, 안녕?

나는 북한에서 온 춘혁이 형이라고 해. 형은 14년 전에 북한을 탈출해 캄보디아를 거쳐 한국에 왔어. 부모님과 함께 한국으로 건너왔지만 지금은 대학 공부를 하느라 서울에서 혼자 살고 있어. 검정고시로 중·고등학교 과정을 마치고 올 해 미대에 입학해서 회화를 공부하고 있단다. 부모님이 그러시는데 유치원을 다니기 전부터 내 손에는 항상 연필과 종이가 쥐어져 있었고, 온 집안에 낙서란 낙서는 다 하고 다녔대. 어릴 때라 기억은 잘 안 나지만 아마 그때부터 난 화가가 되고 싶었나 봐.

그런데 왜 탈북을 했는지 궁금하다고? 너희도 알다시피 북한에서는 원하는 것을 마음껏 할 수 있는 자유가 없어. 그림 그리는 게 아무리 좋아도, 그림을 아무리 잘 그려도 북한에서는 아무나 화가가 될 수 없단다. 그래서 부모님은 내가 더 넓고 희망찬 세상에서 큰 꿈을 키우며 살도록 한국행을 결심하신 거야.

 이 책에 그림을 그려 달라는 제안을 받았을 때 과연 내가 잘 해낼 수 있을까 하는 걱정부터 앞섰어. 책을 읽는 동안에도 북한에서 보냈던 어린 시절과 지금도 북한에서 힘겹게 살고 있는 많은 사람들, 그리고 한국에 와서 정착해 살고 있는 새터민들이 떠올라 가슴이 먹먹해졌지. 하지만 금세 마음을 다잡고 이 책을 읽을 너희에게 북한의 친구들이 어떻게 살고 있는지 보여 주기 위해 열심히 그림을 그렸단다.

 형이 부탁하고 싶은 게 하나 있어. 혹시 주변에 새터민 친구들이 있다면 너희가 먼저 용기를 내 다가가 말을 걸고 손을 내밀어 주었으면 해. 그 친구들도 아직은 한국이 낯설고 수줍어 어려워하는 것일 뿐 너희와 친구가 되고 싶어 할 테니까.

 서로 태어난 곳은 다르지만 우리는 같은 민족이고, 그렇게 조금씩 천천히 마음을 열다 보면 어느새 통일이 되는 날도 오지 않을까? 그날이 올 때까지 형도 더 열심히 그림을 그릴게.

 끝으로 채색 과정에 도움을 준 대선아, 정말 고마워!

강춘혁

차례

- **추천의 글**

  청사초롱 함께 들고 통일의 길을 걷는 우리 모두에게 권하는 책

- **작가의 말**

  내가 할 일은 북한 사람들의 삶을 전해 주는 거예요.

- **그린이의 말**

  그날이 올 때까지 마음껏 그림을 그릴 거야!

1. 도둑질을 해서라도 학교에 가고 싶어요   16

우리가 미처 몰랐던 북한 이야기 1
북한 어린이들의 학교 생활은 어떨까?

2. 죽어서라도 수용소에서 나가고 싶어요   38

우리가 미처 몰랐던 북한 이야기 2
북한의 수도인 평양은 어떤 모습일까?

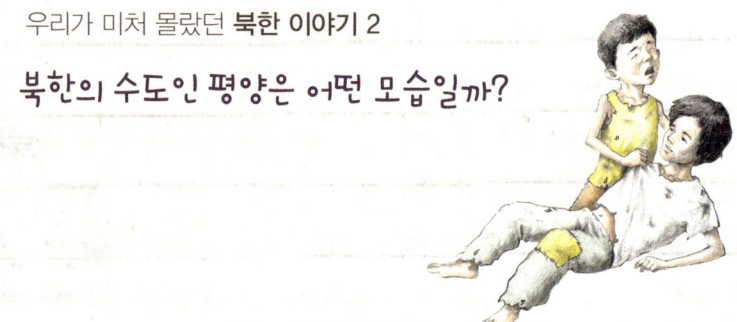

3. "모두 다 김매기 전투에로!" 62

우리가 미처 몰랐던 북한 이야기 3

북한에서는 왜 김일성과 김정일을 아버지라고 부르게 할까?

4. 단 하루만이라도 실컷 먹고 싶어요 88

우리가 미처 몰랐던 북한 이야기 4

꽃제비는 왜 생겨났을까?

5. 우리는 언제까지 유령으로 살아야 할까요? 112

우리가 미처 몰랐던 북한 이야기 5

배급사회인 북한의 의식주 생활은 어떨까?

6. 세상에서 가장 위험한 여행을 떠나요 136

우리가 미처 몰랐던 북한 이야기 6

북한의 명절은 남한과 어떻게 다를까?

땔감을 본 선생님은 우리 분단 동무들을 모두 세워 놓고는 칭찬해 주었어요.
처음으로 듣는 그 말이 얼마나 달콤했던지,
나는 내가 도둑질을 했다는 것도 깜빡 잊었어요.
매일매일 칭찬을 듣는 사람은 내 맘을 몰라요.
하루 종일 수업은 귀에 하나도 안 들어오고 구름 위에 뜬 것처럼 기분이 으쓱했어요.
이렇게 쉬운 걸 그동안 왜 못했을까 하는 생각마저 들었어요.

도둑질을 해서라도 학교에 가고 싶어요

도둑질을 해서라도 학교에 가고 싶어요

내 이름은 허충성. 올해 아홉 살이에요. 나는 북한 평안남도 덕천시에 살고 있습니다.

내가 이렇게 아침 일찍 학교에 온 이유는 청소 당번이기 때문이에요. 청소 당번은 교실에 들어오면 제일 먼저 김일성 수령님과 김정일 장군님의 초상화를 닦아야 해요. 나는 칠판 한가운데에 책상을 끌어다 놓고 그 위에 의자를 얹었어요. 책상과 의자를 밟고 올라서서는 새하얀 걸레로 액자를 구석구석 닦았지요. 북한의 모든 학교 교실에는 이렇게 초상화가 걸려 있어요. '걸려 있다'라기보다는 '모셔 둔

다'라고 표현할 정도예요.

학교에 갓 입학한 아이들은 초상화를 닦다가 떨어져 팔다리가 부러지기도 해요. 아래에서 보면 별것 아닌 거 같아도, 막상 의자 위에 올라서면 다리가 부들부들 떨리거든요. 1학년들은 발뒤꿈치까지 들어야만 겨우 손이 닿아서 더 위험하답니다. 나도 몇 번이나 떨어졌는지 몰라요.

그래도 우리는 이 일을 하루도 거르면 안 돼요. 만약 초상화에 먼지 한 점이라도 묻어 있으면 충성심이 부족하다며 비판을 받아요.

이런 초상화는 교실에만 있는 게 아니에요. 집집마다 하나씩은 다 있어요. 집에 있는 초상화도 학교에서처럼 깨끗하게 닦아 놓아야 해요. 당 간부들이 아무 때고 불쑥불쑥 쳐들어와 먼지검열을 하거든요. 집에 불이 나면 타 죽는 한이 있어도 초상화만은 꼭 구해 내야 해요. 초상화와 관련된 일이라면 어떤 이유가 됐든, 무조건 정치범수용소로 끌려가요. 그곳에 가면 죽은 목숨이나 다름없답니다.

이렇게 초상화를 중요시하는 이유는 김일성 수령님과 김정일 장군님을 '태양'이자 '신'이라고 믿게 만들기 위해서예요. 우리는 태어나 말을 하기 시작하면서부터 이 두 분을 '아버지'라고 불러요. 엄마 배 속에 있을 때부터 세상에서 가장 위대한 사람도 이 두 분이고, 이분들 덕분에 우리나라가 세상에서 가장 잘사는 나라가 되었다고 교육을 받아요.

그래서 이 두 분에 대해 배우는 교과서도 따로 있답니다. 바로 〈경애하는 수령 김일성 대원수님 어린 시절〉과 〈위대한 령도자 김정일 원수님 어린 시절〉이에요. 학교에서는 이 두 과목을 가장 중요하게 여기기 때문에 아무리 머리가 나빠도 무조건 외워야 해요. 외우지 못하면 밤 11시가 되어도 집에 보내 주지 않아요.

청소가 끝날 때쯤이 되자 아이들이 몰려왔어요. 나는 자리에 앉아 이번에는 꼭 좋은 교과서를 받게 해 달라고 속으로 빌었어요. 오늘 선생님이 교과서를 나누어 주거든요. 새 학년이 되면 학교에서는 학생들에게 돈을 받고 상급생들이 쓰던 헌 교과서를 나눠 줘요. 교과서는 몇 년씩 대물림되다 보니 새까맣게 손때가 묻어 있는가 하면, 쪽수가 비어 있는 것도 있어요. 간혹 새 교과서가 나오기도 하지만 말만 새것이지 정말 형편없어요. 강냉이(옥수수) 껍질과 볏짚으로 만든 종이는 거무스름한데다가 손으로 쓱 훔치면 종이 찌꺼기가 만져질 정도로 꺼끌꺼끌하거든요. 글자도 눈을 크게 뜨고 한참을 봐야 겨우 읽을 수 있을 정도예요. 그래도 이런 교과서라도 받으면 정말 다행이에요. 보통은 한 사람 앞에 한두 권밖에 받지 못하거든요. 나머지는 다른 과목을 가진 동무들과 돌려 가며 보거나 장마당(시장)에 가서 돈을 주고 사야 해요.

아무리 장마당에 교과서가 널렸다고 해도 마음껏 살 수 있는 건 아니에요. 전국적으로 교과서가 부족하기 때문에 값이 하늘 높은 줄 모르고 계속 치솟거든요. 한 권에 북한 돈으로 6,000원 정도 하는데, 그 돈을 벌려면 아버지가 꼬박 두 달 동안 일해야 해요. 그러니 굶기를 밥 먹듯이 하는 우리에게 교과서 한 권을 산다는 건 얼마나 사치인지 모른답니다.

새 연필이나 공책 같은 건 아예 꿈도 꾸지 못해요. 연필은 몽당연필이 되어도 버릴 수 없고, 필기는 공책 한 권에 전 과목을 깨알같이 적어야 해요. 그래도 쓸 곳이 부족하면 글씨 위에 덧쓰기까지 해요.

내 바람과는 달리, 나는 이번에도 체육책과 음악책을 받았어요. 국어나 수학처럼 매일 배우는 과목은 과제를 잘 내는 아이들한테 돌아갔어요. 매번 과제를 잘 내는 아이들한테 우선적으로 교과서를 주다 보니, 나처럼 과제를 잘 못 내는 학생은 아무리 공부를 잘하고 싶어도 잘할 수가 없어요.

여기서 '과제'란 공부와 관련된 게 전혀 아니에요. 북한의 학교에서는 과제라는 이름으로 학생들에게 수시로 물품이나 돈을 요구해요. 당에서는 우리나라가 유치원 때부터 중학교 때까지 돈을 내지 않는 무상교육을 한다고 선전하지만, 사실은 그렇지 않아요.

수업료나 등록금을 안 받는 대신 빗자루나 주전자 같은 학급 물품을 요구하는 것은 물론 건물을 짓는 비용까지 모두 학생들에게 내도록 하고 있어요. 그중에 하나는 '꼬마과제'라고 해서 철, 고무, 종이 등을 정해 준 양만큼 학교에 바치는 거예요. 토끼 가죽은 1년 동안 다섯 장이나 내야 해요.

이렇게 낸 과제물은 한꺼번에 모아 나라에서 트럭에 싣고 가요. 과제는 우리 학교에서만 걷는 게 아니에요. 전국에 있는 모든 학교와 직장, 농장에서 과제를 걷어요. 그러니 그 양이 다 모이면 정말 굉장할 거예요.

이렇게 모은 철로는 탱크나 비행기를 만들고, 토끼 가죽으로는 군인들이 겨울에 입을 군복을 만들어요. 외국에 팔아 외화를 벌어들이기도 하고요.

어른 아이 할 것 없이 온 국민이

재활용품을 줍는 데 동원되다 보니 아무리 눈을 씻고 찾아도 찾기가 어려워요. 나라에서는 자원 부족으로 인해 재활용을 한다고 하지만 우리는 정말 죽을 맛이에요. 학교 수업이 끝나도 따로 공부를 한다거나 동무들과 노는 건 상상도 못해요. 버려진 철이나 고무를 줍기 위해 마을을 들쑤시고 다니는 건 우리에게 일상이 되었어요.

잘사는 집 아이들은 힘들이지 않고 아예 과제물을 장마당에서 사서 내거나, 그만큼의 돈을 갖다 내요. 그것도 안 되는 아이들은 식량이나 다름없는 강냉이나 콩을 대신 내요. 하지만 많은 아이들이 자기 배를 채울 식량마저 없기 때문에 캄캄한 밤이 되어도 집에 가질 못해요. 선생님한테 혼날 게 뻔한데 어떻게 집에 가 편히 쉬겠어요?

과제를 못 낸 아이들이 안쓰러워 눈감아 주는 선생님도 간혹 있기는 하지만 그런 선생님들도 그리 오래가지는 못해요. 반 아이가 할당량을 못 채우면 그 책임이 고스란히 선생님에게 넘어가 윗사람에게 추궁을 받거든요. 심지어는 당에 대한 충성심이 부족하다는 비판을 받아 탄광 마을이나 산골 오지로 쫓겨나기도 해요.

그러니 선생님도 아이들을 마냥 봐줄 수만은 없어요. 과제물을 못 낸 아이를 동무들 앞으로 수시로 불러내 눈물이 쏙 빠지게 혼내기도 하고, 참나무로 만든 딱딱한 지시봉으로 사정없이 때리기도 해요. 실컷 맞아서라도 과제가 줄어든다면 좋을 텐데, 한번 주어진 과제는 다 낼 때까지 계속 쌓이기만 해요. 북한의 학교는 1학년 때 반이 한번 정해지면 반 아이들이며 선생님이 졸업을 할 때까지 그대로 이어져요. 그러니 선생님은 악착같이 받아내려 하고, 학생들은 무슨 수를 써서라도 과제물을 내야 해요.

과제물 대신 낼 돈도 없고 식량도 없다면, 여러분은 어떻게 할 건가요? 발뒤꿈치가 다 까지도록 아무리 돌아다녀도 할당량을 못 채웠다면 어떻게 할 건가요? 선생님한테 혼날 생각에 눈물이 나고, 잠을 자면서도 매를 맞는 꿈을 꾼다면요?

궁지에 몰린 아이들은 남의 물건에 손을 대기 시작했어요. 그렇게 해서라도 학교에 다니고 싶은 거예요. 그 속에는 나도 끼어 있었습니다.

한 달 전, 선생님은 분단별로 난로에 넣을 땔감을 해 오라고 했어요. 북한의 학교에서는 아직도 나무난로를 쓰고 있어요. 난로를 피우는 것도, 난로에 넣을 땔감을 구하는 것도 모두 우리 몫이에요.

수업이 끝나자마자 나는 동무들과 두 시간가량을 걸어 산에 갔어요. 우리는 각자 도끼며 톱을 가져갔는데, 가져간 도구들이 아무 소용없을 정도로 산은 이미 벌거숭이가 되어 있었어요. 땔나무를 살 돈이 없는 사람들이 나무란 나무는 모조리 베어 간 거예요.

그래도 여기까지 왔는데 그냥 갈 수 있나요?

우리는 각자 흩어져서 덤불이며 잔가지, 나무뿌리 할 것 없이 땔 수 있는 건 모조리 긁어모았어요. 이번에는 어떻게든 과제를 꼭 내야 해요. 이번에도 할당량을 못 채우면 교실 근처에 얼씬도 못하게 하겠다고 선생님이 으름장을 놓았거든요. 추위에 손등이 다 터지고 뼛속까지 얼어붙는 것 같았지만 누구 하나 투정부리지 않았어요.

해가 질 때쯤이 되자 더 이상 땔 수 있는 거라고는 찾아볼 수 없었어요. 우리는 꽁꽁 언 손에 입김을 불어 가며 새끼줄로 땔감을 동여매고는 지게처럼 어깨에 짊어졌어요. 모아 놓고 보니 제법 묵직했어요. 할당량을 다 채우지는 못했어도 며칠만 더 고생하면 그럭저럭 마칠 수도 있을 것 같았어요.

"야, 이 쥐새끼 같은 놈들 봐라!"

난데없는 소리에 일제히 고개를 들었어요.

저만치 떨어진 비탈 아래에서 산림보호원이 팔짱을 낀 채 우리를 지켜보고 있었어요. 산림보호원이 이리 오라고 손짓을 했어요. 대호가 작은 목소리로 도망치자고 했지만 어림도 없는 소리였어요. 우리

가 고개를 푹 떨어뜨린 채 쭈뼛쭈뼛 걸어가자 산림보호원이 대뜸 손바닥을 내밀었어요.

"표!"

산에 나무를 하러 갈 때는 돈을 내고 표를 끊어야 해요. 그런데 그 표 한 장 끊을 돈이 없어서 다들 몰래 나무를 해요. 물론 우리도 마찬가지고요.

산림보호원은 우리가 하루 종일 모은 땔감을 모조리 빼앗았어요. 그것도 모자라 우리가 가지고 온 도끼며 톱을 내놓으라고 했어요. 우리는 얼른 무릎을 꿇고는 손이 발이 되게 싹싹 빌었어요. 연장마저 빼앗기는 날엔 집에서도 쫓겨나니까요.

산림보호원은 씩 웃더니 인심 쓰듯 말했어요.

"그럼, 땔감을 우리 집에 가져다 놔. 그러면 이번 한번만은 넘어가 주지."

산림보호원 집에 땔감을 부려 놓고 나오는데, 정련이가 입을 삐죽거리더니 기어이 울음을 터뜨렸어요. 그러자 다들 약속이나 한 듯 훌쩍거렸어요.

또다시 땔감을 모을 생각을 하니 눈앞이 다 캄캄했어요. 커다란 바윗덩이가 짓누르는 것처럼 가슴이 답답했어요.

그때 우리 눈앞에 어느 집 마당 한구석에 차곡차곡 쌓인 장작이 보였어요. 마치 이 장작들 좀 제발 가져가라고 하는 것 같았어요.

우리는 서로의 눈치를 살피고는 누가 먼저랄 것도 없이 장작을 한 짐씩 훔쳐 왔어요.

그날 밤, 나는 한숨도 못 잤어요.

장작 주인이 찾아오면 어쩌나, 선생님이 훔쳤다는 걸 알아채면 어쩌나 걱정이 이만저만이 아니었어요. 어떻게든 과제만 하면 속이 시원할 줄 알았는데, 과제를 못해 전전긍긍하던 그 어느 때보다도 마음이 더 무거웠어요.

'이제 두 번 다시 훔치지 않을 거야.'

나는 내 자신에게 다짐하고 또 다짐했어요.

다음 날 땔감을 본 선생님은 아이들 앞에 우리 분단 동무들을 모두 세워 놓고는 칭찬해 주었어요. 처음으로 듣는 그 말이 얼마나 달콤했던지, 나는 내가 도둑질을 했다는 것도 깜빡 잊었어요. 매일매일 칭찬을 듣는 사람은 내 맘을 몰라요. 하루 종일 수업은 귀에 하나도 안 들어오고 구름 위에 뜬 것처럼 기분이 으쓱했어요. 이렇게 쉬운 걸 그동안 왜 못했을까 하는 생각마저 들었어요.

그리고 어김없이 또 과제가 떨어졌어요. 이번에는 전보다 더 많았어요. 과제를 감당하지 못해 결석하는 아이들이 늘어났거든요. 우리 반만 해도 절반가량이 학교에 나오지 않았는데, 그 아이들 몫까지 우리에게 다 떠넘겨졌어요. 예전처럼 죽어라고 돌아다닌다고 해서 될 일이 아니었어요.

우리는 점점 과감해졌어요. 위험한 일일수록 얻어지는 것은 많았어요. 양심 따윈 생각할 겨를이 없어요. 당장 과제가 눈덩이처럼 불어나는데 어떻게 그런 걸 따지겠어요?

나는 아이들과 몰래 공장에 숨어들어 갔어요. 눈 깜짝할 사이에 고장 난 차에 달려들어 차 유리며 다이야(타이어), 후사경(백미러)까지 모조리 다 떼어 냈어요.

어떤 때는 동을 구하기 위해 원숭이처럼 전봇대에 기어올라가 멀쩡한 전기선을 끊었어요. 지역마다 조금씩 다르기는 하지만, 이곳 덕천에서는 하루에 두 시간 정도만 전기가 들어오거든요. 정전이 됐을 때 전선을 끊으면 돼요.

너도나도 전봇대에 달라붙자 당에서는 단속을 강화했어요. 전기선을 끊다가 붙잡힌 형을 아이들이 보는 앞에서 공개 처형하기도 했어요. 고작 열여섯 살밖에 안 된 형을 말이에요. 공개 처형을 집행하는 인민보안부(우리나라의 경찰청에 해당하는 북한의 기관)에서는 국가 경제를 위험에 빠뜨린 죄라서 적당히 넘어갈 수 없다고 했어요.

사람이 죽는 걸 두 눈으로 똑똑히 보고서도 훔치는 걸 그만둘 수는 없었어요.

학교에서 끊임없이 과제를 내 주는 한 우리는 달라질 수 없어요. 오히려 붙잡히지 않으려고 더 필사적으로 달려들 뿐이에요.

새까만 밤, 나는 동무들과 차가운 철로가에 엎드려 숨어 기다려요. 이제 조금만 있으면 석탄을 가득 실은 화물열차가 이곳을 지나갈 거예요. 석탄을 훔치는 사람이 하도 많아서 화물열차는 역마다 매번 서지 않고 그대로 통과해 목적지로 향하지만, 가끔 정차할 때가 있어요. 바로 전기가 차단됐을 때예요. 동무들과 나는 그날을 위해 벌써 3일째 이곳에서 밤을 보내고 있어요.

앗! 저기, 우리를 구해 줄 화물열차가 오는군요.

열차가 멈추기가 무섭게 우리는 총알같이 튀어 나가 빵통(열차의 한 량 또는 한 칸을 뜻하는 북한말)에 올라탔어요. 그동안 어디에 숨어 있었는지, 곳곳에서 다른 아이들도 잽싸게 달려 나와 옆 칸에 자리를 잡았어요.

 정련이가 아래에서 망을 보고, 나와 종구, 대호는 석탄을 담기로 했어요. 덮개를 걷어 내자 수북하게 쌓인 석탄이 나타났어요. 이렇게 많은 석탄을 보는 건 처음이라 나는 한동안 멍해졌어요.

 "야, 빨리 빨리해!"

정련이가 어두운 철길을 보며 발을 동동 굴렀어요. 우리는 재빨리 준비한 마대자루를 꺼내 닥치는 대로 석탄을 쓸어 담았어요. 마음이 급해서 그런지 아무리 담아도 자루가 채워지지 않는 것 같았어요. 정련이가 망을 보고 있는데도 누군가 덥석 뒷덜미를 잡아챌 것만 같았어요. 심장이 터질 듯이 방망이질 쳤어요.

"나 먼저 간다."

대호가 볼록한 자루를 들고 펄쩍 뛰어내렸어요.

"충성아, 너도 그만 끝내."

뒤따라 종구도 뛰어내렸어요. 열차 위에 나만 남게 되자 마음이 더 다급해졌어요.

"삑삑!"

그때 날카로운 호각 소리가 들렸어요. 경비병이 손전등을 비추며 이쪽으로 뛰어오고 있어요. 다른 칸에 있던 아이들이 여기저기서 마구 뛰어내리더니 순식간에 뿔뿔이 흩어졌어요.

나는 들키지 않게 몸을 바짝 낮췄어요. 덜덜 떨리는 손으로 자루 입구를 틀어쥐고는 쏟아지지 않게 끈으로 묶었어요.

그때였어요. 기차가 한번 요동을 치더니 움직였어요.

발딱 일어나 아래를 보니, 경비병을 피해 풀숲에 숨어 있던 동무들이 놀란 눈으로 나를 바라보고 있어요. 정련이가 얼른 뛰어내리라고 손짓을 해요. 나도 그러고 싶은데 이상하게 발이 떨어지지 않아요. 기차는 더 속력을 내고 동무들은 점점 멀어져요. 나는 마른침을 꿀꺽 삼킨 후, 터질 듯이 꽉 채운 자루를 기차 밖으로 밀어냈어요. 그러고도 한참을 망설이다가 가까스로 기차에서 뛰어내렸어요.

갈비뼈가 부러졌는지 숨을 쉬기 힘들어요. 머리도 깨질 듯이 아파요. 끈끈한 피가 이마를 타고 흘러요.

저 멀리서 정련이가 울며불며 달려와요. 종구와 대호도 헉헉거리며 쫓아와요.

그리고 멀지 않은 곳에 자루가 터져 바닥에 죄 쏟아진 석탄이 보여요.

'이걸로 며칠은 버틸 수 있겠다.'

웃음이 나요.

웃고 있는데 눈에서는 자꾸 눈물이 흘러요.

다음엔 또 무얼 훔쳐야 할까요?

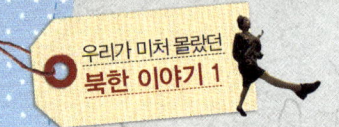

북한 어린이들의 학교 생활은 어떨까?

북한에서는 유치원 높은반 1년, 소학교 4년, 중학교 6년까지 총 11년 동안 의무교육을 받도록 되어 있다. 의무교육을 받는 동안에는 수업료 외에도 교과서, 학용품 등 공부에 필요한 것을 나라에서 공짜로 제공하도록 법적으로 보장되어 있다. 하지만 실제로는 종이가 부족해 교과서조차 물려 쓰거나 아예 교과서 없이 학교에 다니는 학생들도 상당히 많다.

새 학년은 4월 1일에 시작하며, 소학교의 여름방학은 8월 15일부터 8월 31일까지 보름 동안이다. 하지만 고학년들은 방학도 없이 협동농장이나 농촌에 나가 일손을 도와야 한다.

공부보다 더 중요한 토끼 기르기

북한은 토끼 사육의 장점을 내세우며 전국적으로 토끼 기르기 운동을 활발히 하도록 강조해왔다. 학급별로 길러서 나라에 바쳐야 하는 토끼의 숫자가 너무 많다 보니, 아이들은 학교에서 공부하는 것보다 더 많은 시간을 산과 들에서 보내야 한다. 토끼에게 먹일 풀을 뜯기 위해서다. 하지만 정작 아이들이 열심히 기른 토끼들은 평양 등 대도시 식당에서 토끼고기나 토끼탕의 재료로 쓰이고, 토끼 가죽은 군인들이 겨울에 입는 방한복이나 털옷을 만드는 데 쓰인다. 평양 중심가를 비롯하여 대도시 내에서 풀을 뜯을 수 없는 곳을 제외하고는 사실상 북한 전역에서 토끼를 기르고 있다.

세상에서 가장 힘든 '꼬마과제'

북한 아이들에게 '과제'란 학업과 관련된 숙제가 아니라, 학교에 제출해야 하는 각종 물품을 의미한다. 학생들은 '좋은 일하기 운동'이라는 그럴듯한 이름 아래 할당된 파지, 파철, 파고무 등을 모아 학교에 제출해야 한다.

본래 취지는 자원을 재활용한다는 것이었지만, 할당량을 채우지 못하면 그만큼의 돈이나 콩, 옥수수 등으로 대신 내야 하므로 각 가정이나 학생에게는 공부보다 더 큰 부담이 된다고 한다.

시체를 치우는 조가 결성되자 일은 순식간에 진행됐어요.
한 명이 시커먼 거적을 가져오자 다른 두 명이
금만이를 거적에 둘둘 말아 양쪽에서 들어 올렸어요.
나머지 아이들은 산에 우르르 올라가 삽으로 흙을 퍼냈어요.
어디가 좋은 자리인지 생각할 것도 없어요.
흙을 깊게 팔 필요도 없어요.
어디가 됐든 금만이를 던져 놓기만 하면 그만이에요.

2. 죽어서라도 수용소에서 나가고 싶어요

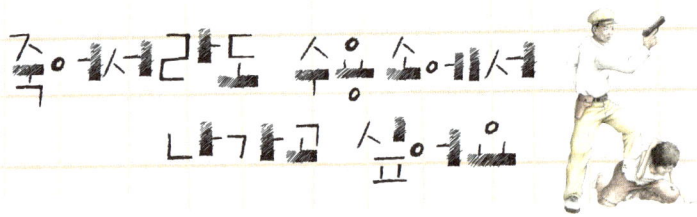

죽어서라도 수용소에서 나가고 싶어요

　북한 함경남도 요덕군에 위치한 15호 관리소.

　사람들은 이곳을 '죽음의 수용소'라고 부릅니다. 한번 들어오면 대부분 살아나갈 수 없기 때문이에요. 나는 이곳에 갇혀 있는 열 살 김명진입니다.

　우리 가족은 3년 전 이곳으로 끌려왔어요. 이유는 아버지가 라디오로 남조선 방송을 몰래 들었기 때문이래요.

　이곳에는 더 말이 안 되는 이유로 들어온 사람들도 많아요. 김정일 독재 정치를 비판한 사람, 외국에 다녀와서는 외국이 우리나라보다 더 살기 좋다고 말한 사람, 남조선으로 넘어가려다 붙잡힌 사람, 심지어는 집집마다 있는 김일성 수령님 초상화를 정성껏 모시지 않았다는 이유로 끌려온 사람도 있답니다. 여기 요덕수용소만 해도 5만여 명 정도가 수감되어 있는데, 우리나라에는 이런 수용소가 자그마치 다섯 곳이나 더 있대요. 수감자만 해도 20만 명이 넘지요. 나는 여기 와서야 이렇게 끔찍한 수용소가 있다는 걸 알았어요.

수감자들은 감옥이 아닌, 일명 하모니카 집이라고 하여 일(一)자식으로 지어진 허름한 집에 살고 있어요. 비가 오거나 습기가 차면 무너지기도 하는 엉성한 집이지요. 수용소 주변으로는 높은 산이 겹겹이 둘러싸여 있어요. 산을 따라 철조망이 빼곡히 둘러져 있고, 그 위에 전기 철조망을 친 곳도 있어요. 비교적 탈출하기 쉬운 곳에는 지뢰를 설치했는가 하면 함정도 파 놓았어요. 대못이나 뾰족하게 깎은 참나무들을 촘촘히 세워 둔 거예요. 철통같은 경비는 기본이에요. 다른 수용소들은 어떤지 모르겠지만 이곳에서 탈출한다는 것은 있을 수도 없는 일이에요. 탈출을 시도한 사람은 많아도 성공한 사람은 단 한 명도 없거든요.

수용소에는 죄를 지은 사람만 수감되는 건 아니에요. 죄를 지은 사람은 물론 그 가족과 일가친척까지 모조리 가두어요. 우리 같은

죄인들은 아예 씨를 말려 버려야 한다는 거지요.

　간혹 출감하는 사람이 있다고는 하지만, 우리 가족에게는 그럴 가능성이 거의 없어요. 10년 동안 겨우 20~30여 명만이 이곳을 떠났거든요. 그러니 수용소를 나간다는 건 낙타가 바늘구멍을 통과하는 것만큼이나 어려운 일이에요. 갓난아기 때 수감된 아이는 평생을 수용소에서만 살다가 바깥세상은 구경 한번 못해 보고 죽기도 해요. 사람들은 말해요. 죽어서라도 빠져나가고 싶은 곳이 바로 이 수용소라고.

　땡땡땡.

　집합을 알리는 종이 울렸어요. 엄마 아빠는 벌써 일을 하러 나가고 안 계셨어요.

　나는 떠지지 않는 눈을 억지로 떴어요. 일을 할 생각을 하니 벌써부터 한숨이 나와요. 그래도 꾸물거리면 안 돼요. 집합 시간에 늦으면 아침부터 매를 맞거든요.

　나는 쇳덩이처럼 무거운 발을 끌고 작업장 마당으로 향했어요. 아직 해가 뜨지 않아 어슴푸레한 마당에는 아이들이 잔뜩 모여 있었어요.

아이들 모습은 거지와 다름없어요. 부스스한 머리에 해골처럼 깊게 팬 볼, 덕지덕지 기워 입은 옷은 피와 땀, 고름에 절어 멀리서도 악취가 풍겨요. 아이들은 모두 멍하니 서 있어요. 졸음이 가시지 않아서이기도 하지만, 서 있을 힘조차 없기 때문이에요. 어떤 아이들은 이와 벼룩 때문에 가려운지 몸 여기저기를 긁적거려요.

이러한 모습은 어른들도 마찬가지예요. 그리고 내 모습도 이들과 조금도 다르지 않답니다. 하루하루가 너무 고되다 보니 우린 씻을 기운조차 없어요. 옷이라고는 수용소에 들어올 때 입고 온 옷과 배급받은 옷 한 벌이 전부라 갈아입기도 힘들어요.

출석 점검이 끝나자, 우리는 학생들을 감독하는 선생님의 구령에 맞춰 학교에 갔어요. 수용소 안에도 수감된 아이들이 다니는 학교가 있어요. 학교 선생님은 군복 차림에 권총을 찬 보위원(북한 주민들을 감시·통제하는 기관인 국가안전보위부 소속 요원)들이에요. 그들은 우리를 가르칠 마음 따윈 없어요. 오히려 증오심이 가득한 눈으로 귀에 못이 박히게 세뇌를 시킬 뿐이에요.

"너희는 죄인의 자식들이다. 부모가 악질 반동이니 네놈들 역시 개, 돼지만도 못한 악질 반동이다."

그들은 말끝마다 욕을 퍼붓고 닥치는 대로 몽둥이를 휘둘러요.

총살을 당해도 아무 문제가 되지 않는 곳이 바로 이 수용소니까요. 그들에게 우리는 인간이 아니에요.

어른 아이 할 것 없이 보위원들에게 맞는 모습은 어디서나 볼 수 있어요. 맨 처음 그 모습을 봤을 땐 가슴이 막 뛰었어요. 어떻게 사람을 저 지경이 되도록 때리나 싶었어요. 하지만 며칠이 지나자 아주 익숙한 일이 되고 말았어요.

학교에 가기는 하지만 수업은 늘 뒷전이에요. 선생님들은 더하기와 덜기(덧셈과 뺄셈) 같은 간단한 것만 대충 가르치고 하루 종일 일을 시켜요. 당으로부터 인정을 받으려면 학생들을 잘 가르치는 것보다, 당에서 내려온 작업 목표량을 달성하는 게 더 중요하거든요.

우리는 여러 가지 일을 하는데, 그중 하나는 30킬로그램 정도의 흙을 나무로 만든 통에 그득 지고 냇가까지 나르는 거예요. 30킬로그램이면 나 같은 아이 꼬박 한 명을 등에 지는 거예요. 이렇게 몇 번을 나르다 보면 할당량을 다 채우기도 전에 어깨가 빨갛게 벗겨지고 쓰라려요. 다리는 또 얼마나 후들거리는데요. 그래도 또 짊어져야 해요. 안 그러면 두들겨 맞으니까요.

일은 저녁 8시를 꽉 채워야 끝나는데, 할당량을 맞춰야만 집에 갈 수 있어요. 그러니 점심밥도 허겁지겁 먹어야 하고, 쉬는 시간에도 마음 편히 쉬지 못해요. 머릿속에는 온통 어떻게든 할당량을 채워야 한다는 생각뿐이에요.

오늘 우리 조가 해야 할 작업과제는 '토끼풀 확보사업'이에요. 겨울에 토끼에게 먹일 칡과 풀들을 줍는 거지요.

이렇게 말하면 별것 아닌 거 같죠? 하지만 생각처럼 쉬운 게 아니에요.

낫이나 호미 없이 각자 20킬로그램을 채워야 하거든요. 손톱이 다 닳아 피가 나도록 풀을 캐도 할당량을 채우기란 여간 어려운 게 아니에요. 게다가 칡뿌리는 땅속 깊숙이 박혀 있어서 두 손으로 줄기를 단단히 쥐고 온 힘을 쏟아야 겨우 뽑혀요. 어른 팔뚝만 한 칡뿌리를 몇 번만 캐고 나면 온몸이 땀으로 젖는 건 물론이고, 힘이 쭉 빠져요.

정해진 시간이 되면 선생님이 한 사람씩 마대자루에 담긴 풀들을 확인해요. 이때 정해진 양을 못 채웠거나, 토끼가 먹을 수 있는 풀 외에 다른 풀이 섞여 있으면 머리고 등허리고 할 것 없이 몽둥이가 날아와요. 아이들이 365일 새까만 멍 자국을 달고 사는 건 그 때문이에요.

"시작!"

선생님의 말이 끝나기가 무섭게 아이들이 사방팔방 흩어졌어요.

정해진 시간 내에 할당량을 채우려면 꾸물거릴 틈이 없어요. 나도 하나라도 더 뽑기 위해 아이들이 몰리지 않은 곳에 자리를 잡고 풀을 뜯기 시작했어요.

한참을 쪼그리고 앉아 풀을 뽑고 있는데, 풀숲이 부스럭거리더니 어른 주먹만 한 게 툭 튀어나오지 뭐예요. 깜짝 놀란 나는 엉덩방아를 찧고 말았어요. 고개를 빼고 자세히 보니 살이 오른 들쥐였어요. 들쥐는 순식간에 커다란 돌을 타 넘고는 흙 속으로 사라졌어요. 나는 군침을 꿀꺽 삼켰어요.

뒤돌아 선생님과 아이들이 멀찍감치 떨어져 있다는 걸 확인하고는 허겁지겁 달려갔어요. 토끼풀이 담긴 자루는 어느새 팽개치고 들쥐가 사라진 구멍 속으로 손을 쑥 집어넣었어요. 어서 빨리 토끼풀을 채워야 한다거나, 들켰다간 죽을 정도로 맞는다는 건 생각조차 나지 않았어요. 머릿속에는 오직 쥐를 잡아 구워 먹을 생각뿐이었어요.

수용소에 온 뒤로, 나는 이밥(쌀밥)은 구경조차 해 본 적이 없어요. 강냉이쌀(옥수수 낟알을 굵게 빻아 놓은 것)이 배급되긴 하지만,

하루에 두 주먹밖에 안 되는걸요. 게다가 영양가도 없고 소화도 잘 안 돼요. 매일매일 꺼끌꺼끌한 강냉이밥만 먹으라면, 여러분은 먹을 수 있겠어요? 그 강냉이밥조차 배불리 먹을 수 없다면 어떻게 하겠어요?

우리에게 쥐는 고기나 다름없어요. 이것마저도 서로 먹겠다고 달려드는 바람에 잡기도 어려워요. 일부러 집에다 쥐를 키우는 사람도 있을 정도지요.

나도 처음엔 아이들이 쥐나 뱀, 까마귀 등을 잡아먹는 걸 보고 토악질을 했어요. 꼭 저렇게까지 해서 배를 채워야 하나, 굶어 죽으면 죽었지 도저히 못 먹겠다 싶었어요.

하지만 파라티푸스를 앓고 나서는 생각이 싹 바뀌었어요. 파라티푸스는 위생 상태가 안 좋을 때 걸리는 감염병인데, 걸리면 물 한 모금도 못 넘기고 열이 40도까지 오르는 무서운 병이에요. 오줌도 저절로 나오지요. 이 수용소에서도 파라티푸스에 걸려 많은 사람들이 죽어 나갔어요.

수용소에는 죄인에게 줄 약 같은 건 없어요. 오히려 다른 수감자들에게 전염이 되지 않게 격리병동에 가둬 버리지요. 격리병동이라고 해서 여러분이 알고 있는 병원을 생각하면 안 돼요. 이곳 수용소에서는 그저 감염이나 결핵, 문둥병 등에 걸린 수십 명의 환자들을 방 하나에 몰아넣는 것뿐이에요.

엄마 아빠와 떨어져 병동에 격리되어 있을 때, 나는 매일 밤 울었어요. 몸이 아픈 것보다도 이곳에서 병을 이기고 나간 사람이 아무도 없다는 걸 잘 알았기 때문이에요. 다시는 엄마 아빠를 못 본다고 생각하니 얼마나 무서웠는지 몰라요. 거적에 말려 나가는 시체들이 모두 며칠 후의 내 모습 같았어요.

그때, 아빠가 나이가 한참 어린 경비병에게 땔감을 해다 바치고는 경비병 편에 지렁이랑 뱀을 들려 보냈어요. 어느 때는 굽지도 않은 날 뱀을 보내기도 했어요. 껍질이 벗겨진 그 미끌미끌한 뱀을 나는 꾸역꾸역 다 먹었어요. 살 수만 있다면 그런 것쯤은 아무것도 아니었어요.

나는 그곳에서 며칠을 꼬박 앓다가 간신히 살아났어요. 그 뒤로는 먹고 죽는 것만 아니면 뭐든지 다 먹어요. 오늘처럼 쥐를 발견한 날은 정말 운이 좋은 날이에요.

팔을 겨드랑이까지 집어넣었는데도 손에 잡히는 게 없었어요.
"요것 봐라."

나는 약이 올라 손으로 흙을 막 파헤쳤어요. 흙을 파면 팔수록 수도관처럼 구멍이 길게 뚫려 있었어요.

"제법인데."

쉽게 잡히지 않으니까 더 약이 올랐어요. 나는 아예 사람들을 등지고 털퍼덕 앉아 흙을 파냈어요. 다시 구멍에 손을 넣자 손끝에 까슬까슬한 털이 닿았어요. 잡히지 않으려고 요리조리 몸을 트는 쥐를 단숨에 잡아채 쑥 빼냈어요. 그러고는 단박에 돌로 머리를 내리쳐 허리춤에 숨겼어요. 그때 벼락같은 소리가 내리쳤어요.

"이 똥간나 새끼, 작업 시간에 딴짓을 해!"

고개를 들기도 전에 뺨이 번쩍했어요. 언제 왔는지 화가 머리끝까지 난 선생님이 잡아먹을 듯이 내려다보고 있었어요.

"당장 꺼내지 못해!"

나는 바들바들 떨리는 손으로 쥐를 꺼내 슬며시 땅바닥에 내려놓았어요. 선생님이 인상을 팍 쓰더니 구둣발로 쥐를 차 버렸어요. 쥐가 바닥에 떨어지기가 무섭게 아이들이 달려들어 서로 갖겠다고 몸싸움을 했어요.

"탕!"

선생님이 허공에 권총을 쐈어요. 우리는 모두 주저앉고 말았어요.

선생님이 흰자위를 희번덕거리며 윽박질렀어요.

"이 새끼랑 같은 조 다 나와!"

얼굴이 새파랗게 질린 아이들이 쭈뼛쭈뼛 기어나왔어요. 그 조의 조원이 할당량을 못 채웠거나, 잘못을 하면 나머지 조원도 함께 처벌을 받아요. 바로 연대처벌이라는 건데, 이런 일이 반복되다 보니 서로가 서로를 증오하게 되고 감시하게 돼요. 작업 능률을 올리기 위해 이와 같은 연대처벌을 하는 거예요.

"너희 같은 새끼반동은 다시는 딴짓을 못하게 뼛속까지 교육을 시켜야 해!"

얼굴이 벌겋게 달아오른 선생님이 사정없이 발길질을 했어요. 등을 밟고, 정강이를 차고, 머리를 짓눌렀어요. 정신없이 발길질이 쏟아지는데도 나는 아픈 걸 몰랐어요. 아이들에게 미안한 마음도 들었지만, 누가 내 쥐를 훔쳐 갈까 봐 걱정이 됐어요. 맞지 않으려고 팔로 머리를 감싼 와중에도 두 눈은 쥐가 떨어진 곳을 두리번거렸어요. 그러다 한순간 숨이 탁 막혔어요. 구둣발로 명치를 걷어차인 거예요. 이젠 정말 죽는구나 싶었어요.

다행히도 그때 발길질이 멈췄어요.

"쌍간나 새끼들! 퍼뜩 안 일어나!"

어찌나 맞았는지 귀에서 윙 소리가 나는 게 일어설 기운도 없었어요. 하지만 얼른 일어나지 않으면 또 매질이 쏟아질 게 뻔해요.

나는 가까스로 일어나 넘어지지 않으려고 다리에 힘을 꽉 주었어요. 여기저기 널브러졌던 아이들도 주춤주춤 일어났어요. 금만이만 빼고요.

금만이는 수용소에 들어온 지 겨우 한 달밖에 안 된 아이예요. 일이 서툴러서 선생님한테 늘 얻어터지고 조원들한테 눈총을 받던 아이지요. 우리야 이가 갈리도록 맞다 보니 맷집도 생기고, 어떻게 맞아야 덜 아픈지 터득을 했지만 금만이는 아무것도 모른답니다.

"황금만이! 꾀병 부리면 내가 봐줄지 알아?"

선생님이 금만이의 배를 걷어찼어요.

금만이 몸이 종잇장처럼 발딱 젖혀지더니 손가락 하나 까딱하지 않았어요. 그제야 선생님도 이상하다 싶었던지 코끝에 손을 갖다 대고는 침을 카악 뱉었어요.

"이 새끼 갖다 버려!"

나는 믿기지 않았어요.

멀쩡하던 사람이 잠깐 사이에 죽을 수도 있다는 게, 그게 내 동무이고, 나로 인해 죽었다는 게 도무지 믿어지지 않았어요. 금만이가 꼭 장난을 하는 것 같았어요.

아이들이 술렁거렸어요. 어떤 여자아이는 기어이 울음을 터뜨렸어요.

"너도 뒈지고 싶어? 어디서 눈물바람이야!"

선생님이 꽥 소리를 지르자, 여자아이는 아랫입술을 깨물어 억지로 울음을 참았어요.

그래요, 여기는 사람이 죽어도 동정하거나 울 수 없는 곳이에요. 수감자들 사이에 동요가 일 수 있기 때문이에요. 그래서 자식이나 부모 형제가 죽어도 마음껏 울 수조차 없어요.

"시체를 치우는 녀석에겐 강냉이죽을 한 그릇 주겠다. 자, 누가 하갔어?"

아이들이 서로 눈치를 보더니, 서너 명이 주춤주춤 앞으로 나왔어요.

선생님이 그럴 줄 알았다는 듯 비웃었어요. 선생님이 건들거리며 다가오더니 내 코앞에 대고 낮게 말했어요.

"김명진이! 니도 동무를 배웅해야지. 너의 그 자본주의(북한에서는 자본주의를 제 잇속만 챙기는 나쁜 생각이나 행동이라고 교육함) 때문에 동무가 저렇게 됐는데, 안 그래?"

시체를 치우는 조가 결성되자 일은 순식간에 진행됐어요. 한 명이 시키먼 거적을 가져오자 다른 두 명이 금만이를 거적에 둘둘 말아 양쪽에서 들어 올렸어요. 나머지 아이들은 산에 우르르 올라가 삽으로 흙을 퍼냈어요. 어디가 좋은 자리인지 생각할 것도 없어요. 흙을 깊게 팔 필요도 없어요. 어디가 됐든 금만이를 던져 놓기만 하면 그만이에요.

아이 하나가 흙을 덮으려다 말고 거적을 풀어헤쳤어요. 그 아이는 금만이의 호주머니를 뒤져 강냉이 몇 알을 꺼내 자기 호주머니에 넣었어요. 그러자 너도나도 달려들어 금만이가 입은 옷을 벗겨 자신이

입고 있던 옷 위에 껴입고 신발까지 벗겨 꿰찼어요. 수용소에서 입고 신을 것을 주지 않으니 죽은 사람의 것이라도 벗겨 내야 남은 사람들이 살 수 있기 때문이에요.

순식간에 금만이는 벌거숭이가 되었어요. 한 달 전까지만 해도 살이 토실토실하고 기름기가 좌르르 흘렀던 금만이는, 가슴팍이 빨래판처럼 깊게 패어 있어요. 나는 차마 보고 있을 수가 없어서 고개를 돌렸어요. 금만이 위로 흙이 덮였어요. 무덤이라는 것도 알아볼 수 없게, 예전처럼 평평하게 길을 만들어 놓았어요.

곧 금만이네 엄마 아빠도 금만이가 죽었다는 걸 알게 될 거예요. 하지만 금만이가 어디에 묻혔는지는 평생 모를 거예요. 수용소에선 사람이 죽으면 늘 이렇게 처리하니까요.

수용소를 지키는 군견이 잘못을 하면, 군견재판을 한 다음 총살을 한대요. 나이가 들어 군견이 죽게 되더라도 고기로 먹지 않고 묻어 준대요. 그런데 우리는 수용소에 있다는 이유만으로, 죽어서조차 개만도 못한 취급을 당해요.

나 때문에 죄 없는 동무가 맞는 와중에도 오로지 먹을 것만 생각했던 나와 죽 한 그릇에 슬픔도 잊고 그것이 무엇이든 하나라도 챙

기려는 아이들, 사람이 죽으면 쓰레기처럼 내다 버리는 선생님도 모두 인간임을 잊은 채 살고 있어요.

지옥이 있다면 지금 살고 있는 이곳이 지옥일 거예요. 아니, 지옥도 이보다는 덜 고통스러울 거예요. 나는 지옥보다도 못한 이곳에서 그래도 살겠다고, 매 순간을 버티고 있어요.

우리의 비명 소리가 들리나요?

제발 그 소리를 못 들은 척하지 말아 주세요.

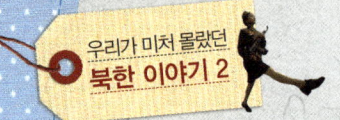

북한의 수도인 평양은 어떤 모습일까?

평양은 북한의 수도이자 정치, 경제, 사회, 문화, 관광의 중심지이다. 면적은 서울의 약 네 배에 이르지만 인구는 1,000만 명이 넘는 서울의 4분의 1 수준인 250만 명 정도다.

사람을 높고 낮은 계급으로 구분하는 신분사회인 북한에서는 신분이 높은 사람들만 평양 중심지에서 살 수 있고, 평양에서 멀어질수록 가난의 정도가 심해진다. 평양의 상징인 김일성 광장에서는 하루에도 몇 번씩 수백 명의 사람이 동원되어 맨손에 무릎걸음으로 광장 바닥을 청소한다.

평양에 있는 것

평양에는 북한이 내세우는 자랑거리 가운데 하나인 세계에서 가장 깊은 지하철이 있다. 지하 150미터 깊이의 평양 지하철은 '지하궁전'이라고 불릴 정도로 내부가 화려하지만, 최근에는 에너지 부족 문제로 전력 공급이 잘 되지 않아 조명조차 제대로 켜지 못하는 것으로 알려져 있다. 필요 이상으로 지하철을 땅속 깊이 판 이유는 남한을 상대로 다시 한 번 전쟁을 일으키거나, 예기치 않게 전쟁이 일어날 경우를 대비해 대피

소로 활용하기 위해서다.

평양에 없는 것

북한은 평양을 지구상에서 유일한 지상낙원이라고 허황되게 선전해왔다. 그리고 외국인들이 비교적 많이 다니는 평양에서 장애인들이 눈에 띄지 않게 다른 지역으로 쫓아냈다. "혁명의 수도 평양에 장애인이 있다는 것은 곧 조선의 얼굴에 먹칠을 하는 것이다."라는 명분 때문이었다. 그래서 장애인은 평양 중심가에 살 수 없다. 지하 횡단보도나 지하철 등의 공공시설에 장애인을 위한 편의시설이 없는 이유도 그 때문이다. 나라를 위해 일하다가 사고로 장애인이 된 사람만이 평양 변두리 지역에 살 수 있을 뿐, 대부분의 장애인은 가족들과 떨어져 지방의 도시나 시골의 친척 집으로 보내지며 가족 모두가 지방으로 옮겨 가는 경우도 있다.

농장에서는 아이들을 수시로 부리면서 밥 한 끼 주지 않아요.
호미를 들 힘조차 없는 아이들은 농장 지배인의 눈에 띄지 않게
독이 없는 식물이란 식물은 모조리 입에 넣어요.
논에서 자라는 '피'라는 잡초 역시 우리에게는 그나마 배고픔을 달랠 수 있는 식량이랍니다.
나는 민들레를 뽑아 흙을 탈탈 털어 낸 후 뿌리째 입에 넣었어요.
민들레 향이 퍼지면서 쓴 침이 고였어요.

North

3. "모두 다 김매기 전투에로!"

"모두 다 김매기 전투에로!"

"모두 다 김매기 전투에로!"

빨간색으로 큼직큼직하게 쓰인 구호가 담벼락마다 붙어 있습니다. 사방이 온통 논이에요. 나는 벌써부터 힘이 쭉 빠져요. 한 달 동안 이 넓은 논을 작업해야 하거든요.

나는 북한의 함경북도 무산군에 사는 리성진입니다.

우리나라는 사회주의 국가예요. 사회주의란 개인의 재산을 인정하지 않고 모든 재산을 공유하는 제도를 말해요. 가난한 사람이나 부자가 따로 있지 않고 모두가 공평하게 일하고 공평하게 나눠 갖는 거지요. 하지만 이 말을 믿는 사람은 아마 아무도 없을 거예요.

사회주의 국가이기 때문에 여기 이 논도 협동농장이라고 하여 로동당(노동자들을 위해 일하는 정당이라는 뜻이지만, 북한에는 노동당 외에 어떠한 정당도 허용하지 않는다)에서 관리해요. 농장에도 일을 하는 농장원들이 있기는 해요. 하지만 농장원들은 예전처럼 열심히 일하지 않아요. 논밭에서 살다시피 일해 봤자 놀고먹는 간부들이 이래저래 다 빼돌리기 때문에 정작 남는 게 없거든요.

점점 수확량이 미달되자 당에서는 농촌지원이라고 하여 농장 일을 돕는 기간을 정해 놓고 사람들을 강제로 동원하기 시작했어요. 군인들은 물론 직장에서 일하는 어른들, 학교에 다니는 학생들까지도 일을 시키지요.

"숟가락 들 힘만 있으면 누구나 농촌에 가라."

이것이 로동당의 지시예요.

올해 열한 살이 된 나도 농장에서 일한 지 벌써 3년이나 됐어요.

그럼 학교는 언제 가냐고요?

평소에는 학교에 가기도 하지만 그렇다고 공부만 하는 건 아니에요. 오전 수업만 하고 농장에 가서 일을 할 때도 있고, 요즘 같은 농촌지원 시기에는 아예 선생님을 따라 학교 대신 농장으로 가기도 해요. 봄에는 모내기, 여름에는 김매기, 가을에는 추수, 겨울에는 거름 모으기 등 농사를 짓는 거의 모든 과정에 아이들이 동원돼요. 그러다 보니 우리는 휴일이나 방학에도 쉴 수가 없어요. 사람들은 종종 우스갯소리처럼 말해요. 북한의 농사는 아이들이 다 짓는다고.

이렇게 어른 아이 할 것 없이 농사에 동원되는 이유는 트랙터나 이앙기 같은 농기계를 쓸 수 없어서 그래요. 농기계를 돌리려면 연료가 필요한데, 우리나라는 그 연료를 살 형편이 안 되거든요. 그래서 옛날처럼 소와 쟁기를 이용해 논을 갈고, 모를 심고, 벼를 베야 해요. 나도 이제는 반 농부가 다 되었어요.

오늘부터 우리는 첫새벽에 농장에 나가 깜깜한 밤이 되어서야 집으로 돌아갈 수 있어요. 중학생이 되면 아예 한 달 동안 꼬박 농장에서 먹고 자며 일을 해야 한대요.

저기 살이 뒤룩뒤룩 찐 사람이 바로 농장 지배인이에요. 이 농장에서 가장 높은 사람이지요.

농장 지배인이 아이들을 바라보며 우렁찬 목소리로 말했어요.

"위대하신 김정일 장군님께서는 공화국(북한의 정식 이름인 '조선민주주의인민공화국'의 줄임말)의 쌀독은 바로 여러분 손에 달려 있다고 하셨습니다. 우리 모두 하늘과 같은 장군님의 뜻을 받들어 김매기 전투에 총력을 기울입시다. 알겠습니까?"

"네!"

아이들이 큰 소리로 대답했어요.

작업 시작을 알리는 종이 울리자, 나는 다른 아이들처럼 바짓단을 둘둘 걷어 올리고 논으로 뛰어들었어요. 우리는 자로 잰 듯 간격을 딱딱 맞추고 서둘러 잡초를 뽑기 시작했어요.

오늘 우리 학급이 맡은 일은 운동장만 한 구역에서 여뀌나 둑새풀 같은 잡초를 뽑는 거예요. 그리 넓은 구역은 아니지만 농장원들이 관리를 소홀히 해서 잡초가 얼마나 무성한지 몰라요.

그 바람에 우리만 더 바빠졌어요. 일을 다 마쳐야만 집에 보내 주기 때문에 머뭇거릴 틈이 없거든요. 엄마 아빠가 당 간부이거나 집이 부자인 아이들은 선생님에게 미리 돈을 주고 일을 빠지기도 해요. 하지만 대부분의 아이들은 이렇게 일을 해야 해요. 협동농장뿐만 아니라 선생님의 개인 밭에까지 불려 가서 일을 할 때도 있어요. 원래는 개인 소유의 밭이 있으면 안 되지만, 선생님들조차 먹고 살기 힘드니까 산비탈을 일구어 밭 한 뙈기라도 만들어 놓은 거예요.

뙤약볕 아래서 하루 종일 허리를 구부리고 일하는 건 얼마나 힘든

지 몰라요. 일도 일이지만 칼날 같은 벼 잎에 팔을 베고, 허옇게 불은 종아리에는 새까만 거머리가 들러붙어 피를 빨아먹기까지 하니까요. 6월인데도 낮에는 온도가 28도까지 올라 옷이 땀으로 흥건해지는 건 말할 것도 없어요. 입이 바짝바짝 말라도 물 한 모금 마실 수 없고요. 우리에게 쉬는 시간은 점심시간뿐이거든요. 그렇게 일하다 보면 내 몸이 내 몸 같지가 않아요. 몽롱한 정신으로 기계처럼 손만 움직이는 거예요.

'꼬르륵.'

나는 배를 문지르며 허리를 쭉 폈어요. 어제부터 쫄쫄 굶어서 그런지 하늘이 빙빙 돌아요.

나는 넘어지지 않으려고 재빨리 고개를 털어 냈어요.

더위에 얼굴이 벌겋게 달아오른 동무들이 쉴 새 없이 손을 놀리고 있어요. 언덕 위 그늘에서는 농장 지배인이 무서운 눈으로 일을 게을리하는 아이는 없는지 감시하고 있고요. 농장 지배인 눈에 띄었다가는 불벼락이 떨어질 게 뻔해요. 나는 서둘러 잡초를 뽑았어요.

점심시간이 되자 아이들이 기다렸다는 듯이 언덕으로 몰려갔어요. 그늘에 앉은 아이들은 각자 싸온 곽밥(도시락)을 꺼내 허겁지겁 먹었어요. 꼬들꼬들한 누런 강냉이밥(옥수수밥)에 나물 한두 점이 전부지만, 우리에게는 진수성찬이나 다름없어요.

농장에서는 아이들을 수시로 부리면서 밥 한 끼 주지 않아요. 호미를 들 힘조차 없는 아이들은 농장 지배인의 눈에 띄지 않게 독이 없는 식물이란 식물은 모조리 입에 넣어요. 논에서 자라는 '피'라는 잡초 역시 우리에게는 그나마 배고픔을 달랠 수 있는 식량이랍니다.

나는 민들레를 뽑아 흙을 탈탈 털어 낸 후 뿌리째 입에 넣었어요. 민들레 향이 퍼지면서 쓴 침이 고였어요.

"저러다 아 잡것다."

옆에 쪼그리고 앉아 민들레를 캐던 충국이가 논을 바라보며 말했어요.

힐긋 돌아보니, 자그마한 아이가 홀로 풀을 뽑고 있어요. 딱 보기에도 우리보다 어려 보여요. 보나마나 오전에 일을 하다 쓰러진 아이일 거예요. 몸이 허약한 아이들은 일을 하다가 종종 쓰러지기도 하거든요. 밥도 못 먹고 푹푹 찌는 더위에 일을 하니 왜 안 그러겠어요.

하지만 그렇다고 해서 일을 빼 주지는 않아요. 그늘에서 잠깐 쉬었다가 얼굴에 핏기가 돌아오면 다시 자기 구역으로 돌아가 쉰 만큼의 몫을 채워야 해요. 저 아이도 마찬가지예요.

"어쩔 수 없지. 우리도 저렇게 되지 않으려면 하나라도 더 먹어야 해."

나는 아이를 등지고 앉아 민들레가 또 어디 있나 두리번거렸어요. 수백 명이 한 농장에 동원되다 보니 민들레를 캐는 것도 쉽지가 않아요. 그 민들레라도 먹겠다고 사람들이 새까맣게 언덕에 달라붙어 있어요.

내가 오리걸음으로 여기저기 재게 움직이는 동안, 충국이는 바닥에 털썩 주저앉아 멍하니 논을 바라보고 있었어요. 그러고는 혼자 중얼거렸어요.

"저렇게 뼈 빠지게 일하는데, 왜 가을에 낟알 한 톨 안 주니? 이 많은 벼는 대체 어디로 간다니? 이 나라가 정말 세상에서 제일 살기 좋은……"

나는 깜짝 놀라 충국이의 입을 틀어막았어요.

누가 엿듣기라도 하면 큰일이에요. 북한에서는 말 한마디라도 잘못하는 날엔 쥐도 새도 모르게 어디론가 끌려가요. 혹시라도 불만을 갖고 있는 건 아닌지 늘 감시하는 사람들이 많거든요. 가족이나 동무들 사이에도 속마음을 털어놓을 수 없는 곳이 바로 북한이에요.

나는 이쪽저쪽 살피고는 목소리를 잔뜩 낮춰 속삭였어요.

"니 미쳤니? 잡혀가고 싶어 환장했어?"

충국이는 엄마가 식량을 구하러 나간 지 1년이 다 되도록 아무 소식이 없어도 "무소식이 희소식이다." 하며 헤헤 웃던 아이예요. 아빠가 결핵으로 얼마 전에 돌아가셨을 때에도 "더 이상 아플 일 없고 굶지 않아도 되니 우리 아빠야말로 팔자 폈다." 하며 또 헤헤 웃던 아이지요.

그런 충국이가 오늘은 영 이상했어요.

"니가 배가 고프긴 많이 고픈가 보다. 안 하던 헛소리를 하고. 이거나 먹고 그 입 꽉 다물어라."

나는 충국이 입에 민들레를 쑤셔 넣었어요.

말로는 충국이를 나무랐지만 나도 모르는 건 아니에요. 식량 배급이 끊긴 후로 여기저기 굶어 죽는 사람들이 늘어났어요. 어른들이 수군거리는 소릴 들었는데, 글쎄 1990년대 말에는 자그마치 200만 명이나 목숨을 잃었대요.

먹지 못해 죽는다는 게 어떤 건지 상상이 되나요?

나는 꼬박 일주일 동안 물만 마신 적이 있어요. 그때는 하도 기운이 없어서 눈을 뜨고 있는 것조차 힘들었어요. 사람들이 토끼나 돼지 같은 '고깃덩이'로 보일 정도였지요.

이렇게 1년 내내 죽어라고 농장 일을 하지만, 곡식은커녕 쭉정이조차 받아 본 적 없어요. 아무 대가도 없이 고된 일을 하는 거예요. 어릴 때부터 협동농장에 불려 나가 일을 하다 보니 농장 일을 돕는 건 학생으로서 당연히 해야 할 몫이라고 생각했어요. 하지만 요즘 들어서는 왜 우리가 공부를 해야 할 이 시간에 농장 일을 하는지, 허리가 휘도록 일을 하고도 왜 늘 굶주리는지 정말 모르겠어요.

 "오늘 밤 창고를 털 거야."
 충국이가 민들레 줄기를 질겅질겅 씹으며 말했어요.
 나는 잘못 들은 줄 알고 되물었어요.
 "뭘 턴다고?"
 "창고!"
 하마터면 바닥에 주저앉을 뻔했어요.
 깜짝 놀란 나와는 달리, 충국이는 아무렇지도 않은 얼굴로 팔을 뻗어 맞은편 곡물창고를 가리켰어요.
 "저 창고, 내가 다 털 거라고."
 나는 얼른 충국이의 팔을 잡아챘어요. 충국이의 얼굴을 보니 진심인 거 같기도 하고, 장난인 거 같기도 하고 좀처럼 알 수가 없었어요.

몇 해 전부터 곡물창고에서 농작물을 훔치는 도둑이 부쩍 늘었어요. 농장 지배인은 도둑을 잡겠다고 근처 군부대에 요청해 군인들에게 실탄까지 지급해 가며 경비를 서게 했어요. 매복초소를 설치하고 조를 편성해 밤마다 순찰도 돌게 했어요. 군인들은 도로나 나루터를 지키고 섰다가 등짐을 진 사람을 보면 불러 세워 어떻게 농작물을 얻었는지 꼬치꼬치 캐물었어요. 가지고 있던 짐이 훔친 농작물일 때는 흠씬 두들겨 맞는 건 기본이고 구류장에 갇히게 돼요. 구류장은 감옥과 같은 곳이에요.

그런데 언제부턴가는 도둑을 잡고도 눈감아 주는 군인들이 늘어났어요. 가진 것을 모두 빼앗고 그냥 놓아주는 거예요. 군인들도 굶주리기는 마찬가지다 보니 그렇게 해서라도 배를 채우는 거지요. 몰래 빼돌리는 양은 점점 늘어나고 그 때문에 당에 바쳐야 할 수확량은 계속 미달되었어요. 수확량을 채워야 하니까 해마다 일은 더 많아지고 굶주리는 사람들 역시 늘어났지요.

"야, 걱정 말라. 농담이야, 농담!"

충국이가 내 어깨를 툭 쳤어요.

그러고는 갑자기 배를 잡고 웃어 댔어요. 바닥을 뒹굴며 목구멍이 다 보이도록 낄낄댔어요.

나도 그제야 웃음이 났어요. 하지만 웃으면서도 마음이 놓이지 않아 단단히 못을 박았어요.

"농장 지배인이 도둑 잡는다고 밤새 보초 세우는 거 알지? 지난 가을에도 두 명이나 쏴 죽인 거 니도 잘 알지? 그니까 시끄러운 일 내지 말고 가만히 있어라, 알았니?"

충국이는 알았다는 말도, 고개를 끄덕이지도 않았어요.

"왜 말이 없니, 어?"

그러자 충국이가 토끼 눈처럼 빨개진 눈으로 말했어요.

"그럼, 나는 이제 어떡하니? 동생이 허약(영양실조)에 걸려 물 한 모금도 못 넘기고 저리 누워 있는데, 이제 어떡하면 좋니?"

밤이 되어서야 농장 일이 끝났어요.

집에 돌아온 나는 옷을 갈아입을 기운도 없어서 쓰러지듯 자리에 누웠어요.

몽둥이로 두들겨 맞은 것처럼 온몸이 욱신거려요. 몸 전체가 깊은 바다로 빨려 들어가는 것 같아요.

그래도 잠이 들면 안 돼요.

나는 방문을 향해 모로 누워 우리 골목 끝에 있는 충국이네 집을 떠올렸어요.

 캄캄한 밤에 엄마 아빠도 없이, 아픈 동생과 단둘이 누워 있는 마음은 어떨까요? 이 밤이 무척 무섭고 길게 느껴지지는 않을까요?

 나는 충국이가 빨리 잠들기를 바랐어요. 꿈속에서 만큼은 아무 걱정 없길 바랐어요.

 어느새 나도 모르게 잠에 빠져들었나 봐요.

 꿈속에서 나는 충국이랑 충국이 동생이랑 함께 축구를 했어요. 충국이 동생은 하나도 아파 보이지 않았어요. 오히려 살이 뽀얗게 올라 쌩쌩 공을 몰았어요. 충국이도 뭘 먹었는지 살도 찌고 기운도 세 보였어요. 어찌나 힘이 센지 공을 뻥 찰 때마다 하늘 높이 솟구쳐 고개를 한껏 젖히고 기다려야 했어요. 충국이가 손을 이마에 붙이고 하늘을 보며 말했어요.

 "성진아! 내 뭐라 했니? 곡물창고 내가 죄 턴다 하지 않았니."

 '엄마야!'

 나는 자리에서 벌떡 일어났어요. 꿈인지 생시인지 분간이 안 돼 둘레둘레 살펴보니 어둠 속에 자고 있는 엄마 아빠가 어렴풋이 보였어요. 다행히 문밖은 아직 까매요.

 '이 미련퉁이! 그새를 못 참고 잠들고 말다니…….'

나는 내 머리를 쥐어박고는 밖으로 튀어 나갔어요. 발에 걸리는 대로 아무거나 대충 신고 충국이네 집으로 달려갔어요.

'자고 있는지만 보고 와야지.'

'아니지, 속 편하게 자고 있으면 고 머리통을 세게 쥐어박고 올 거야.'

'그것도 부족하지. 다음부턴 아무 말이나 나불거리지 못하게 고놈의 주둥이를 꽉 비틀어 줄 거야!'

이런저런 생각을 하다 보니 벌써 충국이네 대문 앞이에요. 나는 둥둥 뛰는 가슴을 가라앉히기 위해 숨을 크게 내쉬었어요. 아무리 숨을 크게 쉬어도 가슴은 좀처럼 가라앉지 않았어요.

'제발, 큰 대자로 자고 있어라.'

나는 팔을 뻗어 문고리에 손을 댔어요. 꽉 닫혀 있어야 할 대문이, 손끝만 갖다 댔는데 힘없이 열려요. 이불이며 냄비, 옷가지들이 마당 여기저기 흩어져 있어요.

나는 잘못 본 건 아닌가 하고 얼른 주먹으로 눈을 훔쳤어요. 방문이 벌컥 젖혀져 있고, 문에 씌운 비닐박막(바람막이용 비닐)이 너덜너덜 찢어져 있어요. 충국이의 하나뿐인 천운동화가, 발가락이 죄 보일 정도로 앞이 터진 때 묻은 운동화가 잘못 본 게 아니라는 듯 나동그라져 있어요. 집 안으로 들어가 보아야 하는데 발이 땅바닥에 달라붙은 듯 떨어지지 않아요. 문턱이 닳도록 드나들었던 이곳이 웬일인지 낯설게 느껴져요.

"충국아."

내 목소리가 빈집에 울려요.

"김충국!"

'니, 재깍 안 나오니!'

이 말은 목에 잠겨 나오지 않았습니다.

"어젯밤, 우리가 피땀 흘려 수확한 쌀을 훔치려던 도둑을 잡았습니다."

농장 지배인이 험악한 얼굴로 사람들을 쭉 훑어봤어요.

작업할 시간이 한참 지났는데도, 작업은 하지 않고 강당에서 비판무대(어떤 사람이 잘못을 저질렀을 때 모두 모여 그 사람을 집단적으로 비판하기 위한 모임)가 열렸어요. 나는 두 팔로 무릎을 껴안은 채 오스스 소름 돋은 팔을 문질렀어요. 아무리 어금니를 꽉 깨물어도 이가 딱딱 부딪혔어요.

어젯밤에 충국이네 집을 나올 때만 해도 별일 아닐 거라고 수천 번을 되뇌었어요. 비판무대에 모인 사람들을 헤집으며 일일이 얼굴을 확인할 때에도 충국이가 금세 나타나 "성진아!" 할 것 같았어요.

'김충국! 뵈기만 해 봐. 내가 아주 혼을 내줄 테야······.'

"저기 새끼반동이 들어오는군요."

농장 지배인의 말에 사람들이 고개를 돌렸어요. 나는 차마 쳐다보기가 무서웠어요.

충국이가 군인들에게 이끌려 걸어와요. 신발도 못 신고 흙먼지 묻은 맨발로 걸어와요. 낡은 쌀자루를 보물처럼 꼭 껴안고 있어요.

나와 눈이 마주치자 충국이가 씩 웃어요.

'봐라, 내가 한다 했지?' 하는 것 같아요.

충국이 뒤로 충국이의 동생도 끌려와요. 해골처럼 두 볼이 쑥 들어간 충국이 동생은 걷는 것도 힘에 부치는지 자꾸 휘청거려요. 사람들이며 천장 여기저기를 두리번거리는 게 꼭 넋이 나간 것 같아요. 충국이와 동생이 단상에 오르자 농장 지배인이 발로 종아리를 걷어차 무릎을 꿇게 했어요.

"이 어린놈의 새끼가 뭘 훔쳤는지 아시오?"

농장 지배인이 칼로 충국이가 들고 있던 자루를 북 긋자, 새하얀 쌀이 바닥에 좌르르 쏟아졌어요. 마을 사람들이 굶어 죽어 역전이고 장마당에 시체가 쓰레기처럼 널브러져 있어도 한 톨도 없다며 딱 잡아떼던 쌀이에요.

"빙신새끼."

창고를 죄 턴다더니 고작 한 자루밖에 못 훔친 충국이에게 화가 났어요. 아니, 그 잠깐을 못 참고 잠이 든 나 자신에게 화가 나 미칠 것 같았어요. 충국이가 무릎걸음으로 기어가 두 손으로 쌀을 움켜쥐고 다시 동생에게 갔어요.

"요 새끼 봐라!"

농장 지배인이 충국이를 냅다 걷어찼어요.

충국이가 풀썩 나자빠졌어요. 하지만 다시 일어나 쌀을 긁어모았어요.

"지배인 동무, 내 동생 죽소. 요것만 먹이게 해 주십시오, 네?"

충국이가 농장 지배인을 보며 헤헤 웃었어요.

"니가 죽고 싶어 환장을 했구나."

농장 지배인이 허리춤에 찬 곤봉을 눈 깜짝할 새 잡아 뽑더니 얼굴이며 등 할 것 없이 마구 때렸어요. 꼭 뭐에 홀린 사람처럼 마구잡이로 충국이를 팼어요. 저러다 큰일이 날 거 같은데도 아무도 말리는 사람이 없었어요. 나 역시 아무 말도 못하고 그 모습을 지켜보고만 있었어요.

"똑또이 봐라. 위대한 장군님의 믿음을 저버리면 어떻게 되는지."

그 말은 충국이에게만 하는 말이 아닌 것 같았어요. 우리 모두에게 하는 말이었지요.

쿵!

멍한 눈으로 그 모습을 바라보고 있던 충국이 동생이 뒤로 나자빠졌어요. 전기에 감전된 사람처럼 팔다리를 벌벌 떨었어요. 바짓가랑이에서는 오줌이 흥건히 배어 나왔어요. 사람들은 차마 못 보겠는지 고개를 돌렸어요. 어린애한테 너무 심한 거 아니냐고 중얼거리는 사람도 있었지만 큰 소리로 나서지는 못했어요. 나도 고개를 숙였어요. 충국이에게 주려 했던 운동화 위로 눈물이 점점이 떨어졌어요.

  그날 이후로 나는 더 이상 충국이를 보지 못했어요.
  충국이는 꽃제비들이 수감되는 구호소로 보내졌대요. 잘 가라는 말도, 정말 미안하다는 말도 못했는데 말이에요.
  내 짝동무(단짝) 김충국은 이제 그 집에 없어요.

  나는 무서워요.
  나 역시 다른 사람들처럼 굶어 죽게 될까 봐, 충국이처럼 곡식을 훔칠 수밖에 없는 날이 나에게도 올까 봐 두려워요.

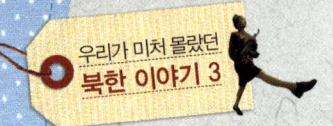

북한에서는 왜 김일성과 김정일을 아버지라고 부르게 할까?

북한에서는 주민들에게 '북한이 세계에서 가장 발전된 나라이고, 세상에서 가장 훌륭한 지도자를 모시고 있다'고 세뇌 교육을 한다. 아이들이 태어나면 말을 처음 배울 때부터 김일성과 김정일을 아버지라고 부르게 한다. 탁아소나 유치원, 학교 등 아이들의 발길이 닿는 모든 곳에 김일성과 김정일 초상화를 걸어 두어 초상화에 먼지가 내려앉지 않도록 매일 정성껏 닦게 하며, 밥이나 간식을 먹을 때마다 두 사람의 초상화를 향해 "경애하는 아버지 감사합니다."라는 인사를 하게 한다.

소학교(북한의 초등학교)에서는 〈경애하는 수령 김일성 대원수님 어린 시절〉, 〈위대한 령도자 김정일 원수님 어린 시절〉을 가장 중요한 과목으로 가르친다. 중학교에 올라가서도 〈위대한 수령 김일성 대원수님 혁명활동〉, 〈위대한 령도자 김정일 원수님 혁명활동〉이라는 과목을 가장 중요한 과목으로 배우며, "아버지께서 주신 크나큰 은혜에 보답하기 위해서라면 목숨도 바치겠다."고 매일 맹세한다.

이처럼 김일성과 그 아들인 김정일에 이어서 김정은까지 마치 '신'처럼 떠받들게 하는 목적은, 이들에게 무조건 충성하고 절대복종하는 것을 당연한 의무인 것처럼 믿도록 하기 위해서다.

한편, 북한에서는 김일성, 김정일, 김정은과 같은 이름을 쓸 수 없다. 만약 그들보다 먼저 태어나 그 이름을 갖고 있더라도 무조건 다른 이름으로 바꾸어야 한다.

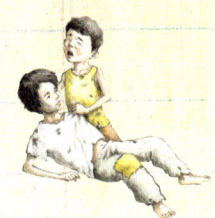

나는 아이에게 다가가 숨을 쉬는지 안 쉬는지 유심히 지켜봤어요.
아무래도 죽은 것 같아 발끝으로 툭툭 건드렸어요.
몸이 뻣뻣하게 굳은 채 꿈쩍도 안 해요.
나는 얼른 신발을 벗겨 새까맣고 상처투성이인 동생 발에 신겼어요.
아이가 채 씹지 못해 입 안에 든 강냉이는
두 손으로 입을 벌린 후 손가락을 쑤셔 넣어 꺼냈어요.
그러고는 눅눅한 강냉이를 옷에 여러 번 문댄 후 동생 입에 넣어 주었어요.

4. 단 하루만이라도 실컷 먹고 싶어요

단 하루만이라도 실컷 먹고 싶어요

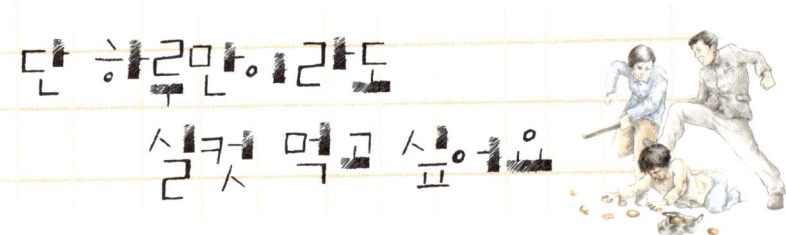

꽃제비에 대해 들어 본 적이 있나요?

북한에서는 부모가 없거나 있다 해도 돌봐 줄 수 없는 가난한 아이들을 꽃제비라고 합니다. 집에만 가만히 있으면 굶어 죽으니까 어디든 나가 음식을 구걸하거나 훔쳐 먹는 어린 노숙자이지요.

북한에는 이런 꽃제비들이 많습니다. 노제비(노인제비), 청제비(청년제비), 군인제비, 가족제비라는 이름이 생길 정도로 그 종류도 다양해졌지요. 나와 내 동생도 꽃제비예요. 사람들은 우리를 꽃제비 형제라고 부릅니다.

우리에게도 한때는 엄마 아빠가 있었고, 허름하기는 하지만 비바람을 피할 수 있는 집이 있었어요. 그게 불과 1년 전 일인데도 꽤 먼 옛날처럼 느껴지네요.

엄마가 결핵으로 돌아가시고 며칠 지나지 않아 아빠마저 세상을 떠났습니다. 하루아침에 열 살인 나와 일곱 살인 동생만 남겨진 거예요.

엄마 옆에 아빠를 묻고 돌아오던 날, 나는 아무것도 입에 대지 않았어요. 먹을 것도 없었지만 먹고 싶은 마음도 없었습니다. 허허벌판에 홀로 버려진 기분이었어요. 모든 게 다 막막하고 시들했어요. 나는 방에 누워 울다 자다를 반복했어요. 가끔 동생이 흔들어 깨웠지만 그저 귀찮기만 했어요. 나도 그만 엄마 아빠한테 가고 싶었습니다. 그렇게 며칠 동안 꼼짝 않고 누워 낮과 밤을 보냈어요.

어디선가 아득히 나를 부르는 소리가 들렸어요.

"명섭아, 명섭아! 눈 좀 떠 봐!"

누군가 나를 흔들었어요. 내가 꿈쩍도 안 하자 뺨도 때렸어요. 막혔던 귀가 확 뚫리듯이 동생의 울음소리가 쏟아졌어요. 힘겹게 눈을 떠 보니, 옆집 아줌마가 나를 세게 흔들고 있고, 그 옆에는 동생이 철퍼덕 주저앉아 목 놓아 울고 있었어요. 엄마 아빠가 돌아가셨을 때도 저렇게 울진 않았는데, 나마저 죽을까 봐 겁이 났던 모양이에요. 다 빠져나갔다고 생각했던 눈물이 주르르 흘렀어요. 돌아가신 엄마 아빠만 생각했지 동생은 깜빡 잊었던 거예요. 아니, 잊고 싶었는지도 몰라요.

내가 이렇게 누워 있는 동안 동생은 얼마나 무서웠을까요?

"살았다! 명환아, 너희 형 눈 떴다."

아줌마가 당신 자식이 죽었다 살아난 것처럼 동생을 얼싸안았어요.

동생이 눈가를 훔치더니 눈을 크게 뜨고 나를 내려다봤어요. 얼마나 굶었는지 핼쑥한 얼굴에 두 눈만 커다래요. 내가 힘없이 웃자 동생이 더 크게 울음을 터뜨렸어요.

"형 죽으면 나도 콱 죽어 버릴 거야."

동생이 주먹을 날리고 발길질을 했어요.

하지만 하나도 아프지 않았어요. 내가 죽지 않은 것에 마음을 놓고, 다신 그러지 말라고 화를 내는 거니까요.

아줌마가 맨발로 나가더니 찌그러진 양은그릇에 누런 강냉이죽을 쑤어 왔어요. 김이 무럭무럭 나는 죽을 수저로 연신 저으며 호호 불고는 내 손에 수저를 쥐여 주었어요.

"얼른 먹어."

아줌마네 밥숟갈이 몇 개인지 다 아는 나로서는 이 묽은 죽 한 그릇도 정말 고마웠어요. 나는 너무 묽어 수저로 퍼먹을 것도 없는 그 죽을 물을 마시듯 들이켰어요. 바닥에 남은 걸쭉한 죽은 달라는 말도 못하고 침만 꿀꺽 삼키는 동생에게 주었어요. 동생은 잠시 나와 아줌마 눈치를 살피더니 단숨에 죽을 입 안에 털어 넣었어요. 그릇에 묻은 국물까지 혓바닥으로 깨끗이 핥은 후에야 아쉬운 듯 빈 그릇을 내려놓았어요.

"명섭아, 서운하게 생각 말고 내 말 잘 들어라."

아줌마가 내 손을 잡고 한참을 쓸어내렸어요. 차마 입을 떼기가 어려웠던 모양이에요.

"나가서 꽃제비질이라도 해라. 빌어먹든 훔쳐 먹든 해야 죽지 않을 거 아이겠니? 이대로 있다가는 네 아빠처럼 굶어 죽고 말아."

나는 결국 동생을 데리고 길거리로 나왔습니다. 우리 가족이 살던 집은 다른 사람에게 팔았는데, 여기저기 진 빚을 갚고 나니 남는 것도 없었어요. 이제 우리에게 집은 청진역 대합실이에요.

아침에 눈을 뜨면 제일 먼저 보이는 건, 대합실에 아무렇게나 널브러져 앉아 기차를 기다리는 사람들이에요. 석탄재에 뒹군 듯 새카만 꽃제비들이 그 사이를 지나다니며 구걸을 하고 있지요.

처음 며칠 동안은 눈을 뜰 때마다 깜짝깜짝 놀랐어요. 내가 아직도 꿈을 꾸는 줄 알았어요. 그러다 해진 누더기 옷을 입고 찬 바닥에 바짝 웅크리고 자는 동생을 본 후에야 내가 꽃제비라는 걸 깨달아요.

나는 덮고 잤던 마대자루를 포개어 잘 접었어요. 올이 풀리고 땟국에 전 낡은 자루지만 우리 같은 꽃제비들에겐 이것만큼 좋은 이불

도 없거든요. 이 마대나 비닐박막 하나면 추운 겨울도 그럭저럭 날 수 있어요.

"명환아, 밥 먹으러 가야지."

나는 동생을 흔들어 깨웠어요.

서두르지 않으면 오늘도 굶을지 몰라요. 벌써 다른 꽃제비들은 일어나 부지런히 먹을 걸 찾고 있어요.

"형, 나 기운이 없어."

동생이 가까스로 일어나 앉았어요. 사흘 동안 먹은 거라고는 물밖에 없어 얼굴이 누렇게 뜨고 두 눈이 퀭하니 들어갔어요. 늘 잘 먹던 사람이 며칠 굶는 것과 비교하면 안 돼요. 워낙 못 먹은 상태에서 며칠을 내리 굶으면 온몸에 맥이 없어요. 하늘이 핑핑 돌아 서 있기도 힘들지요. 게다가 요즘처럼 더운 날씨에는 이와 벼룩이 급속도로 번식을 해서 더 힘들답니다. 꽃제비치고 이와 벼룩이 없는 사람은 없어요. 근지러워 손을 대면 어김없이 이가 잡히고, 옷 솔기마다 벼룩이 득실득실해요. 심한 아이들은 머리가 노인처럼 하얘요. 이가 머리카락 사이사이에 알을 깐 거예요. 상태가 이렇다 보니 어떤 때는 배가 고프거나 몸이 아픈 것보다 이와 벼룩 때문에 더 괴롭기도 해요. 온

몸이 가려워 밤잠을 설친 게 하루 이틀이 아니거든요.

이렇게 이와 벼룩이 극성인 이유는, 기운이 없으니 잘 씻지 못하는데다 한여름에도 두꺼운 옷을 입기 때문이에요. 우리처럼 영양 상태가 부실한 사람은 늘 몸이 차가워서 옷을 얇게 입을 수가 없어요. 뿐만 아니라 지금은 춥지 않더라도 한겨울을 나야 하기 때문에 어떻게든 두꺼운 옷을 몸에 지니고 다녀야 하거든요.

동생과 나는 비닐봉지를 하나씩 들고 청진역 주변을 훑었어요. 의자 아래도 샅샅이 살피고 쓰레기 더미도 일일이 들춰 보았어요. 우린 못 먹는 게 없어요. 쓰레기 속에 버려진 쉰밥, 시궁창에 떠내려오는 국수 줄기, 소가 미처 소화시키지 못해 똥에 섞여 나온 강냉이 알갱이까지 모두 먹어요. 진흙이 묻은 빵조각은 정말 깨끗한 음식이랍니다.

매일매일 주변에 먹을 게 널린 사람들은 아마 깜짝 놀라겠죠? 하지만 우린 이런 음식이라도 먹어야 겨우 살 수 있어요. 코를 찌를 듯이 상한 음식이라도 모두 소화시키지요.

하지만 아직 어리거나 몸이 약한 아이들은 상한 음식을 먹고 며칠씩 앓기도 해요. 나도 땅바닥을 데굴데굴 구를 정도로 배가 몹시 아팠던 적이 있어요. 그때는 마치 누군가 내 배를 있는 힘껏 비틀어 짜는 것 같았어요. 며칠씩 누런 물똥을 주룩주룩 싸고 구토를 하고 온몸에 도장을 찍은 것처럼 빨간 두드러기도 생겼어요. 그럴 때마다 다시는 버려진 음식을 먹지 않겠다고 수천 번 다짐하지만, 결국 또 상하고 지저분한 음식을 먹을 수밖에 없어요. 아무리 아파도 죽는 것보다는 낫기 때문이에요. 그리고 그런 음식쓰레기조차 힘이 없거나 어린아이들은 덩치 큰 아이들에게 뺏겨 먹지도 못한답니다.

역 광장이며 대합실을 샅샅이 둘러봤는데도 건진 게 없어요. 벌써 다른 꽃제비들이 싹 훑은 모양이에요.
"어? 저 형 어제도 저기 누워 있었는데."
동생이 나무 아래 쓰러져 있는 남자아이를 가리켰어요.
아이 앞으로 사람들이 지나다녔지만 모두 눈 하나 깜짝 안 해요. 나도 쓰러져 있는 사람을 처음 봤을 땐 안되고 불쌍했어요. 그런데 이제는 하도 많이 보다 보니 아무렇지 않아요.
나는 아이에게 다가가 숨을 쉬는지 안 쉬는지 유심히 지켜봤어요. 아무래도 죽은 것 같아 발끝으로 툭툭 건드렸어요. 몸이 뻣뻣하게 굳은 채 꿈쩍도 안 해요. 나는 얼른 신발을 벗겨 새까맣고 상처투성이인 동생 발에 신겼어요. 아이가 채 씹지 못해 입 안에 든 강냉이는 두 손으로 입을 벌린 후 손가락을 쑤셔 넣어 꺼냈어요. 그러고는 눅눅한 강냉이를 옷에 여러 번 문댄 후 동생 입에 넣어 주었어요.

동생이 강냉이를 우물거리며 실밥이 터진 천운동화를 요리조리 내려다봤어요.

"형, 겨울이 빨리 왔으면 좋겠다."

동생이 모처럼 웃어요. 그나마 형 노릇을 한 것 같아 나도 기분이 으쓱해요.

방금 전까지도 죽은 사람이 그 운동화를 신고 있었다거나, 죽은 사람이 먹던 음식이었다는 건 우리에게 중요하지 않아요. 오히려 다른 사람들보다 먼저 발견한 게 얼마나 다행인지 몰라요. 죽은 사람이 꽃제비일 때는 경쟁자가 하나 줄었다고 생각할 정도지요.

잔인하다고 생각할지 모르지만, 이건 꽃제비 생활에서 흔히 있는 일이에요.

우리는 입고 있는 옷 한 벌로 사계절을 나야 해요. 영하 30도가 넘는 추운 겨울에는 땅을 파고 비닐박막

하나만 둘둘 감은 채 자야 할 때도 있어요. 그때는 뼛속까지 한기가 스며들어요. 이렇게 자다가 지난겨울에는 청진에서만 무려 150여 명이 얼어 죽었어요. 북한의 전 지역에서 얼어 죽은 사람을 합하면 훨씬 더 많겠지요. 조금이라도 온기를 느끼려고 똘똘 뭉쳐 자던 꽃제비 동무들이 밤사이 딱딱한 시체가 된 적도 있어요.

간혹 얼어 죽지 않으려고 제철소에서 버린 따뜻한 재무지 속에 들어가 자는 꽃제비들도 있어요. 그들 중에는 뜨거운 것도 모르고 깊게 잠들었다가 몸에 불이 붙어 화상을 입거나 질식하는 아이들도 많아요.

하지만 이렇게 꽃제비들이 죽어도 누구 하나 신경 쓰지 않아요. 청진 시청에서 나와 트럭에 시체를 싣고 가서는 아무 데나 구덩이를 판 후 한꺼번에 묻어 버리면 그만이에요. 멀쩡한 산이 순식간에 묘지가 되자 당에서는 그것 역시 보기 흉하다고 아예 평평한 땅을 만들어 버렸어요.

그러니 하루하루가 고난인 우리에게 누군가를 불쌍하게 여길 시간이나 마음 따윈 없어요. 우리는 누군가를 안타까워하기보다는 그들처럼 되지 않기 위해 어떻게든 살아남는 게 훨씬 중요하답니다.

동생과 나는 역 근처에 있는 장마당으로 향했어요. 벌써부터 장마당 밖까지 사람들로 붐비고 있었어요.

　장마당은 날이 갈수록 규모가 커지고 있어요. 청진시에서 가장 큰 수남시장만 해도 물건을 파는 사람만 3만 명이라는 소문이 있을 정도예요. 이렇게 장사꾼들이 날로 늘어나는 이유는, 남편들이 직장에 나가도 배급이나 로임(임금 또는 월급)을 받지 못하자 아내들이 직접 장사에 뛰어들기 때문이에요. 북한은 전기가 부족해 가동을 중단한 공장이 태반이거든요. 직원들에게 일한 만큼의 대가를 줄 수 없는 이유도 그 때문이지요.

　하지만 배급이나 로임을 받지 못한다 해도, 달리 할 일이 없다고 해도 직장에는 꼭 나가야 해요. 안 그랬다간 6개월간 로동단련대(강제로 일을 해야 하는 처벌을 받는 감옥)에 보내진답니다.

　북한의 장마당은 나라에서 정해 준 담장 안에서만 물건을 팔게 되어 있어요. 세금을 낼 형편이 안 되는 상인들은 담장 밖에 자리를 잡고 소량의 물건이나 음식을 팔아요. 그중에는 학교 선생님도 더러 있어요. 로임이 나오지 않자 아예 학교를 그만두고 장마당으로 나와 교과서나 사전 같은 책을 파는 거예요. 학교에 가야 할 아이들도 20킬로미터나 되는 먼 길을 걸어 통에 샘물을 담아 와서는 10리터에 500원씩 팔고 있답니다. 이렇게 힘들게 하는 장사지만 단속반이 뜨면 잽싸게 물건들을 싸서 도망가야 해요. 그 모습이 메뚜기처럼 날쌔다고 하여 메뚜기장이라고도 부르지요.

'고양이 뿔 빼고 다 있다'는 말이 있을 정도로 장마당에는 없는 게 없어요. 속옷이나 화장품은 물론 말린 황두꺼비나 구렁이 같은 보양식품도 있고, 꽈배기, 두부밥, 밥완자(볶음밥에 밀가루 튀김옷을 입힌 것)같이 간단히 배를 채울 수 있는 음식도 팔아요. 자루에 '대한민국'이나 'WFP(세계식량계획)'라고 버젓이 적힌 쌀들도 있어요. 굶주리고 있는 북한 주민들을 위해 외국에서 보내 준 쌀인데 몰래 빼돌려져 비싼 가격에 팔리고 있는 거예요.

우리에게는 장마당의 모든 음식이 그림의 떡일 뿐이에요. 예전에는 음식을 먹는 사람 옆에 서서 불쌍한 눈으로 쳐다보면 먹던 거라도 나누어 주었고, 운이 좋으면 팔고 남은 음식 부스러기도 구할 수 있었거든요. 그런데 이제는 음식을 주는 사람이 거의 없어요. 워낙 구걸하는 꽃제비들이 많은데다 음식을 사 먹는 사람도, 음식 장사를 하는 사람도 사정이 안 좋기 때문이에요.

구걸이 통하지 않자 꽃제비들은 음식을 덮치기 시작했어요. 가판대에 놓인 음식이나 손님이 먹고 있는 음식을 순식간에 빼앗아 도망치는 거예요. 사람인지 짐승인지 알아볼 수 없을 정도로 몰골이 말이 아니지만, 이때만큼은 덮칠 대상을 찾느라 눈에서 빛이 나요. 마치 잔뜩 굶주린 새끼 늑대 같지요.

　너도나도 음식을 덮치자 상인들은 가판대마다 그물이나 비닐을 씌워 놓았어요. 손님들도 제 돈을 내고 음식을 사 먹으면서도 꽃제비들이 달려들까 봐 사방을 살피면서 두 손으로 쥐고 먹었어요. 상인들의 감시와 경계가 심해지자 꽃제비들의 수법은 날로 비상하고 대담해졌어요.

　꽃제비들은 아예 여러 명이 모여 조직적으로 움직이기 시작했어요. 체격이 크고 힘이 센 아이들은 자연히 우두머리가 되었어요. 상인들이 막 문을 열 때, 우두머리는 잽싸게 달려들어 음식이 든 큰 대야를 낚아채 달아나다가 바닥에 확 패대기쳐요. 그러면 곳곳에 숨어 있던 다른 꽃제비들이 우르르 달려들어 음식을 주운 후 뿔뿔이 흩어져요. 미리 약속했던 장소에서 만나 음식은 나눠 먹고, 물건은 다른 상인에게 헐값에 파는 거예요. 이런 조직에 있는 아이를 때렸다간 같은 조직에 있는 아이들이 떼로 덤벼들기 때문에 함부로 건드리지도 못해요. 꽃제비들끼리 패싸움이 붙는 건 예사이고, 보안원(북한의 경찰)들조차 이들을 쉽게 잡아가지 못해요. 나와 동생처럼 조직에 끼지 못한 꽃제비들은 살아남기 힘든 세상이 된 거예요.

　나도 얼마 전부터는 음식을 덮치기 시작했어요.
　처음엔 붙잡힐까 봐 가슴이 조마조마했는데, 몇 번 덮치고 나니 무서울 게 없어요. 세상에 죽는 것보다 더 무서울 게 뭐가 있겠어요? 그것도 어린 동생을 혼자 두고 말이에요.
　꽃제비들 중에는 매를 맞다 그 자리에서 죽은 아이도 있어요. 잘 훔쳐 봤자 하루에 떡 한 개를 손에 쥐는 건데, 그 떡 하나에 목숨을 잃는 거예요. 꽃제비들이 맞아 죽어도 때린 사람은 아무런 처벌을 받지 않아요. 보안원들도 꽃제비가 맞는 모습을 뒷짐 지고 구경할 뿐이에요.
　동생과 나는 바닥에 떨어진 음식을 찾는 척하며 슬쩍슬쩍 상황을 살폈어요. 저기 여자아이가 가판대에 서서 음식을 기다리고 있네요. 아이한테는 정말 미안하지만, 음식을 받을 때 낚아채야 해요.
　"명환아, 모퉁이에 숨어 있다가 내가 채는 즉시 청진역으로 와."
　동생이 고개를 크게 끄덕거려요. 음식이 눈앞에 있기라도 한 듯 침까지 꼴깍 삼키면서요.
　나는 동생이 숨는 걸 확인하고는 아이가 있는 쪽으로 천천히 다가갔어요. 볕이 뜨거워 그런지 눈앞이 아찔해요. 한 걸음씩 발을 뗄 때마다 땅바닥이 바다에 뜬 배처럼 출렁거려요. 뒤돌아 동생을 보니 핏기 없는 얼굴로 씩 웃고 있어요. 나는 두 손바닥으로 얼굴을 벅벅 문지르며 정신을 차렸어요. 그러고는 아이 뒤를 지나치는 척하며 아이가 상인에게서 음식이 담긴 봉투를 받는 순간 확 채 달아났어요.

하지만 몇 발짝 가지도 못하고 그대로 고꾸라지고 말았어요. 누군가 휘두르는 몽둥이에 뒤통수를 맞은 거예요. 미처 몸을 일으키기도 전에 상인들이 작대기며 쇠꼬챙이를 들고 한꺼번에 덤벼들었어요. 소나기가 퍼붓듯 매질이 쏟아졌어요. 나는 맞는 와중에도 여기저기 흩어진 밥완자를 정신없이 봉투에 쑤셔 넣었어요. 신발에 짓밟혀 흙 범벅이 된 밥완자를 모조리 주워 담았어요. 자꾸만 핏물이 눈가로 흘러들었지만 아픈 것도 몰랐어요. 맞아서라도 허기를 달랠 수만 있다면 얼마든지 맞을 수 있을 것 같았어요.

"으앙, 우리 형 죽어요!"

언제 왔는지 동생이 울며불며 사람들에게 매달렸어요. 움찔한 사람들이 몽둥이를 들어 올린 채 동생을 쳐다봤어요. 동생이 사람들의 팔다리를 붙잡고 늘어졌어요.

"제발 우리 형 좀 놔주세요."

동생이 누구에게랄 것도 없이 싹싹 빌었어요. 빌면서도 서럽게 울었어요.

"괘씸한 녀석들, 이 정도로 끝내는 걸 다행으로 알아라. 굶어 죽는 한이 있어도 다시는 얼씬도 마, 알았니?"

동생이 눈물이 가득한 눈으로 연신 고개를 끄덕였어요. 그 모습을 보고 있자니 가슴 한쪽이 심하게 아려요. 굵은 눈물방울이 볼을 타고 흘러요.

"별 재수가 없으려니, 원."

사람들이 한바탕 욕을 퍼붓고는 아무 일 없었다는 듯이 흩어졌어요.

동생이 무릎걸음으로 다가앉아 피범벅이 된 나를 부축해 일으켰어요. 뼈 마디마디가 뜯겨져 나가는 듯 아팠어요. 나는 어금니를 꽉 깨물어 간신히 비명을 삼켰어요. 동생에게 의지한 채 절뚝절뚝 발을 내디뎠어요. 길을 걸어오던 사람들이 우리가 다가가기도 전에 자리를 피해서 길을 내주었어요. 그제야 송곳으로 쑤시는 것처럼 머리가 욱신욱신 아파요. 청진역으로 가는 그 짧은 길이 끝도 없이 이어지는 것 같아요.

엄마 아빠가 보고 싶어요. 하루하루 버티느라 까맣게 잊고 살았던 엄마 아빠가 오늘은 무지 보고 싶어요.

"형, 많이 아프지……?"

나는 고개를 가로저었어요. 핏방울이 바닥에 떨어져 붉게 얼룩졌어요.

동생이 꽉 잠긴 목소리로 말했어요.

"형, 우리 이다음에는 부자로 태어나자. 부자로 태어나서 먹고 싶은 거 다~ 먹자."

나는 퉁퉁 부은 눈으로 동생을 보며 설핏 웃었어요.

"명환아……"

"응?"

목구멍이 울컥하더니 피를 한 움큼 토해 냈어요.

'우리 다시는 이런 세상에 태어나지 말자.'

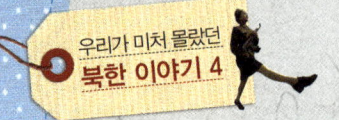

우리가 미처 몰랐던
북한 이야기 4

꽃제비는 왜 생겨났을까?

북한에서는 돌봐 주는 보호자나 집이 없어 거리를 떠돌며 구걸하거나 물건을 훔치며 살아가는 어린이들을 '꽃제비'라고 부른다. 꽃제비라는 말은 1940~1950년대에 많이 나돌다가 1965년쯤부터 국가에서 고아들을 책임지고 관리하면서 한동안은 거의 사라졌었다. 그러나 1980년대 중반 이후 경제 사정이 나빠지고 거리를 떠도는 아이들이 늘어나면서 다시 꽃제비라는 말이 쓰이기 시작하여 오늘날의 북한 현실을 보여 주는 대표적인 단어가 되었다.

꽃제비들의 삶은 매우 처량하고 처참하다. 대부분의 꽃제비들은 역전이나 장마당 등지에서 음식을 구걸하며 떠돌이 생활을 한다. 특히 겨울에는 영하로 내려가는 살인적인 추위 때문에 사람들이 많이 모이는 역전이 꽃제비들의 보금자리가 되곤 한다. 그런가 하면 일부 꽃제비들은 배고픔을 참다못해 두만강을 통해 중국으로 건너가기도 하는데, 운이 좋으면 탈북에 성공하지만 안타깝게도 강을 건너다 총에 맞아 죽기도 한다. 설령 북한을 무사히 탈출해 중국에 가더라도 형편이 크게 나아지지는 않는다. 어른들의 경우 중국의 가정집에서 허드렛일을 도와주며 숙식을 해결할 수도 있지만, 아이들은 고용해 주지 않기 때문에 북한에서와 마찬가지로 길바닥에서 구걸을 하며 살 수 밖에 없다.

사람들은 몰래 강을 넘습니다.
한밤중에 총성이 울리는 건 그 때문이에요.
다음 날 강에 가 보면 어김없이 시체가 물에 둥둥 떠 있어요.
경비병들은 일부러 시체를 치우지 않아요.
탈북을 하면 어떻게 되는지 똑똑히 보라고 경고를 하는 거예요.
우리가 이렇게 목숨까지 걸고 두만강을 건너는 이유는,
이대로 있다간 굶어 죽을 게 뻔하기 때문입니다.

1. 우리는 언제까지 유령으로 살아야 할까요?

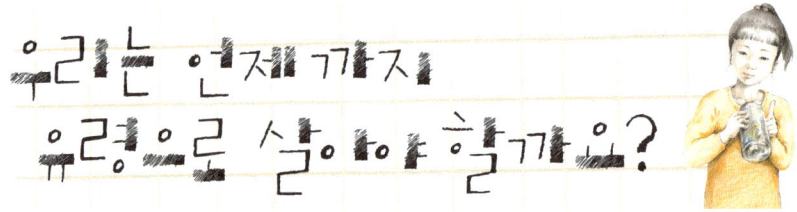

우리는 언제까지 유령으로 살아야 할까요?

"청혜야, 가자!"

잠결에 엄마 목소리가 들렸습니다. 무겁게 내려앉은 눈을 떠 보니 어둠 속에서 엄마가 나를 내려다보고 있어요.

"어딜 가는데……?"

엄마는 대답도 없이 나를 억지로 일으켜 세워 잠바를 입히고 목도리를 단단히 둘러매 주었어요. 엄마가 내 어깨를 잡고는 두 눈을 보며 말했습니다.

"밖에 나가면 절대 숨소리도 내면 안 된다, 알았니?"

나는 졸린 눈을 비비며 고개를 끄덕였어요. 무슨 일인지는 모르지만 엄마가 큰일을 벌이고 있다는 건 짐작할 수 있었거든요. 우리는 조용히 집을 나섰어요. 발소리를 죽여 가며 도착한 곳은 집에서 조금 떨어진 두만강이에요.

두만강은 우리 마을인 온성군과 중국 도문(圖們)시 사이에 국경을 이루며 흐르는 강이에요. 국경이라고는 하지만, 낮에는 마을 사람들이 강변에 쭈그리고 앉아 세수도 하고 빨래도 하고 물도 길어 오는 곳이에요. 이쪽에서 돌을 던지면 강 건너편에 떨어질 정도로 폭이 좁아 도문시가 훤히 보이는 곳이지요.

우리 마을은 저녁 7시만 돼도 전기가 끊겨 어둑어둑한데, 도문은 건물 창문마다 별을 달아 놓은 듯 불이 환하게 켜져 있어요. 사람들이 그러는데 중국에서는 개도 사람들이 먹다 남긴 닭고기를 먹는대요. 우리처럼 허약에 걸려 이가 다 빠지고 배가 등가죽에 달라붙는 건 상상도 할 수 없는 일이래요. 사람들은 누가 들을까 봐 쉬쉬하면서 중국을 '지상낙원'이라고 불러요.

그런데 우리는 그 낙원을 코앞에 두고도 갈 수가 없어요. 총을 든 국경경비대가 눈에 불을 켜고 보초를 서고 있거든요.

어떤 사람들은 경비병에게 미리 돈을 주어 순찰을 돌게 하고는,

초소를 잠시 비운 사이 강을 건너기도 해요. 하지만 대개의 사람들은 엄두도 못 내는 일이에요. 당장 끼니도 해결하지 못하는데 그럴 돈이 어디 있겠어요?

그래서 사람들은 몰래 강을 넘습니다. 운이 좋으면 무사히 도문 땅을 밟지만, 많은 사람들이 이 좁은 강을 건너기도 전에 총살을 당해요. 한밤중에 총성이 울리는 건 그 때문이에요. 다음 날 강에 가 보면 어김없이 시체가 물에 둥둥 떠 있어요. 경비병들은 일부러 시체를 치우지 않아요. 탈북을 하면 어떻게 되는지 똑똑히 보라고 경고를 하는 거예요. 우리가 이렇게 목숨까지 걸고 두만강을 건너는 이유는, 이대로 있다간 굶어 죽을 게 뻔하기 때문입니다.

강은 칠흑같이 어두웠어요. 매서운 바람이 휭휭 소리를 내며 사방에서 휘몰아쳤지요. 금세라도 두 볼이 떨어져 나갈 것 같았어요. 날이 추워서 그런지 경비병들의 모습은 보이지 않고, 50미터 간격으로 세워진 초소에서만 간혹 불빛이 새어 나왔어요.

그래도 나는 마음이 놓이지 않았어요. 마른 풀잎이 바람에 쓸려 서걱대는 소리에도 깜짝깜짝 놀랐어요. 한 치 앞도 보이지 않는 이 어둠 어딘가에서 경비병들이 우리를 지켜보고 있을 것만 같아 신경이 바짝 곤두섰어요. 큰 잘못을 한 것처럼 몸이 오들오들 떨렸어요.

엄마가 그런 내 손을 꽉 잡았습니다. 엄마 역시 긴장을 했는지 손바닥에 땀이 배어 있었어요. 엄마가 다른 한 손으로는 풀을 젖혀 강 양쪽을 살피더니 힘주어 말했어요.

"청혜야, 어떤 소리가 나도 절대 멈춰서는 안 된다. 무조건 앞만 보고 달려."

나는 고개를 끄떡였어요. 엄마가 잡고 있던 손아귀에 힘을 더 꽉 주더니 강가로 뛰었어요.

12월이라 강물은 돌덩이처럼 꽁꽁 얼어 있었어요. 우리는 미끄러운 강 위를 뛰다시피 밟았어요. 심장이 튀어나올 것 같았어요. 평소에는 좁다랗던 그 강이 얼마나 넓게 느껴지던지 가도 가도 강둑이 나타나지 않을 것만 같았어요.

손전등 불빛이 강 여기저기를 비추더니 날카로운 호각 소리가 들렸어요. 총성도 울렸어요. 조국을 버렸다는 죄책감 같은 건 생각할 틈이 없었어요. 오로지 살고 싶다는 생각뿐이었어요.

그때 나는 열 살이었습니다.

이제 며칠 밤만 지나면 열두 살이 돼요. 나는 엄마와 중국 랴오닝 성(중국 둥베이 지방의 남쪽에 위치한 지역)의 한 마을에서 살고 있어요.

낙원에 사는 기분이 어떠냐고요?

음, 솔직히 말해 이곳은 낙원과는 거리가 멀어요. 굶지 않을 정도로 밥은 먹지만, 단 하루도 마음 편히 자 본 적이 없거든요.

게다가 나는 중국말을 할 줄 몰라서 말을 익히기 전까지 밖에는 한 걸음도 나가지 못했어요. 중국에서는 우리 같은 탈북자를 '난민'으로 인정하지 않고 '불법체류자'로 분류해요. 난민은 전쟁이나 재난으로 인한 어려움뿐만 아니라, 정치적·사상적 이유로 박해를 받고 외국이나 다른 지방으로 탈출하는 사람들을 말해요. 그러니까 이웃 나라에서도 보호하고 구해 줘야 하는 사람들이지요.

하지만 우리는 불법체류자로 분류되면서 하루아침에 '범죄자'가 되었어요. 다른 사람에게 피해를 준 적도 없고, 아무 잘못도 하지 않았는데 말이에요.

게다가 탈북한 사람들은 호구(주민등록증 또는 신분증명서)가 없기 때문에 몸이 아파도 병원에 가서 치료를 받을 수 없어요. 물론 학교에도 못 다니지요. 이건 중국 사람과 탈북자 사이에서 태어난 아이도 마찬가지예요. '탈북자'라는 꼬리표를 달고 평생을 숨어 살아야 하는 거예요. 우리는 이렇게 살아 숨 쉬고 있는데 서류상으로는 존재하지 않는 유령인 거예요. 그래도 이 정도는 참을 수 있어요. 우리가 가장 견디기 힘든 건 공안(중국의 경찰)에게 붙들리면 꼼짝없이 북한으로 끌려간다는 거예요.

 북한에서는 탈북을 범죄 중에서도 크고 무거운 죄로 취급해요. 잡히면 혹독한 고문을 당하고 강제노동을 하는가 하면 사형되기도 하지요. 우리 엄마도 수용소에 수감된 적이 있는데, 그때 하도 맞아서 한쪽 귀가 들리지 않아요. 아빠는 끌려갔다가 다시는 돌아오지 못했답니다.

 엄마와 나는 공안에게 붙들리면 그 즉시 먹으려고 주머니에 늘 독약을 넣고 다녀요. 다시 북한에 끌려가느니 차라리 죽는 게 낫거든요. 지금 이 순간에도 어딘가에서는 탈북자들이 공안에게 붙들려 북한으로 송환되고 있을 거예요. 매달 송환되는 탈북자 수만 해도 수백 명에 이른대요.

 중국은 탈북자를 신고하는 사람에게 어마어마한 포상금을 주고, 탈북자를 숨겨 주었다가 들키면 큰 벌금을 물릴 정도로 단속을 철저히 하고 있어요. 중국이 이렇게까지 탈북자들을 찾아내려고 기를 쓰는 이유는, 북한과의 관계를 중요시하기 때문이에요.

 공안은 낮이고 밤이고 가리지 않고 탈북자들을 잡아들여요. 지난번에는 밤 12시도 넘은 시간에 이웃집에 쳐들어와 탈북자 가족을

짐승처럼 끌고 갔어요. 엄마랑 내가 조선족 사람들의 집에 딸린 헛간에서 사는 것도 그 때문이에요. 물론 손바닥만 한 방 한 칸 마련할 돈이 없기도 하지만, 공안이 들이닥치면 제일 먼저 뒤지는 곳이 방이기 때문이에요.

우리는 언제든지 도망칠 수 있도록 잘 때도 꼭 신발을 신고 자요. 대대적으로 단속이 뜰 때는 뒷산으로 올라가 찬 바닥에 비닐박막을 깔고 자요. 언제 발각될지 모른다는 공포와 두려움 속에서 매 순간을 사는 거예요. 우리에게 미래 같은 건 없어요. 그저 오늘도 무사히 넘기기만을 바랄 뿐이랍니다.

이런 우리에게 한 가지 꿈이 생겼어요. 너무 큰 꿈이라 영영 이뤄질 수 없을지도 모르지만, 이것만 생각하면 아무리 힘들어도 견딜 수 있어요.

그게 뭐냐고요? 음, 그건 바로 돈을 벌어 한국에 가는 거예요. 나는 한국이라는 말을 중국에 와서야 알았어요.

북한에서는 대한민국이나 한국, 남한이라는 말 대신 '남조선'이라고 가르쳤어요. 전기가 없어서 호롱불을 켜고, 미국의 도움을 받아 겨우겨우 사는 매우 가난한 나라라고 했지요.

그러니 순옥이 아줌마한테 한국에 대한 이야기를 처음 들었을 때 얼마나 놀랐는지 몰라요. 순옥이 아줌마는 조선족 사람인데 우리가 살고 있는 집 주인이에요.

아줌마는 중국보다 더 잘사는 나라가 한국이라고 했어요. 예를 들어 북한에는 자전거를 가진 사람이 적지만, 중국에는 어느 집이나 자전거가 있어요. 그런데 한국은 중국 사람들이 자전거를 갖고 있는 것만큼이나 자가용을 가지고 있대요.

나는 자가용이라는 것도 그때 처음 알았어요. 북한에 있을 때는 자가용을 한 번도 못 봤거든요. 아줌마 이야기를 듣고 있으면 진짜 낙원은 한국이구나 싶어요.

하지만 엄마랑 내가 한국에 가겠다고 마음먹은 가장 큰 이유는 따로 있어요. 그게 뭐냐면, 한국은 탈북한 사람들을 잡아가지 않는다는 거예요. 우리를 똑같은 국민으로 받아들인다는 거지요. 한국에 가기만 하면 굶어 죽을까 봐 걱정하지 않아도 되고, 언제 발각될지 몰라 숨어 살지 않아도 된대요. 내가 태어난 나라에서도 해 주지 못한 일을 한국에서 해 준다니 얼마나 고마운 일이에요?

그렇지만 한국에 가려면 경비가 어마어마하게 든대요. 우리가 가진 돈으로는 어림도 없는 일이래요.

그래서 나는 중국말을 익히자마자 제일 먼저 마을에 있는 벽돌 공장을 찾아갔어요. 한쪽 귀가 들리지 않는 엄마도 위험한 임업장(나무를 베고 잘라 다듬는 작업장)에서 하루에 열다섯 시간씩 일을 하는데, 나라고 못할 거 없잖아요?

내가 공장에서 하는 일은 아이들과 여섯 명이 한 조를 이뤄 벽돌을 나르는 거예요.

기계에서 찍어 낸 몸통만 한 벽돌을 네 명이 밀차에 싣고 오면, 나와 다른 한 아이가 큰 가위처럼 생긴 쇠 집게로 벽돌을 집어 차곡차곡 쌓는 거예요. 벽돌 한 장의 무게는 7킬로그램. 그걸 양손에 드는 거니까, 나는 한 번에 내 몸무게의 절반 정도를 드는 셈이에요.

이렇게 하루 종일 벽돌을 나르다 보면 팔이 다 후들거려요. 집게를 집는 부위를 따라 물집이 잡히고 딱딱하게 굳은살이 박이지요. 나중에는 숟가락만 들어도 손목이 다 시큰거려요.

하지만 아파할 겨를 따윈 없어요. 몇 장을 나르느냐에 따라 월급이 달라지고, 그걸 여섯 명이 똑같이 나눠 갖거든요. 보통 한 사람이 한 달 동안 15만 장 정도를 날라요. 15만 장이면 한 번에 두 장씩 7만 5,000번 나르는 거예요. 대단하죠?

물론 이것도 비가 오지 않을 때나 가능한 일이에요. 비가 조금이라도 오면 벽돌이 젖어 일을 할 수 없어요. 이런 날엔 모처럼 집에 누워 있어도 마음이 편하지 않아요. 한국에 갈 수 있는 날이 또 하루 늦어졌구나, 생각하면 마음이 그렇게 무거울 수가 없어요.

아, 물론 내가 처음부터 일을 잘했던 건 아니에요. 처음 며칠은 벽돌이 무겁기도 하고 집게가 손에 익숙하지 않아 벽돌을 얼마나 많이 깨 먹었는지 몰라요.

그때마다 공장장이 무섭게 욕을 퍼부었어요. 깨진 개수만큼 월급이 깎이니 함께 일하는 아이들 눈치도 보였어요. 이곳에 있는 아이들 중에는 나보다 어린 아이도 있고, 나보다 생활이 어려운 아이도 있거든요.

일을 시작하고 일주일 동안은 밤마다 이불을 뒤집어쓰고 눈물을 짰어요. 몸도 몸이지만 내일 또다시 벽돌을 날라야 한다고 생각하면 눈앞이 아찔해 나도 모르게 서러웠거든요. 어떻게든 북한에서 살지, 왜 날 여기까지 데려와 이 고생을 시키나 싶어 엄마가 원망스럽기도 했어요.

그렇게 한참을 울고 나면 '한국'이라는 두 글자가 슬며시 떠올랐어요. 그럼 신기하게도 힘이 생기는 것 같았어요. 깜깜한 어둠 속에 바늘귀만큼 작은 불빛이 반짝이는 기분이라고나 할까요? 두만강을 건널 때 살고 싶다는 마음뿐이었는데, 지금은 어떻게든 한국에 가자, 그 마음뿐이에요.

적은 돈이기는 하지만 엄마랑 내가 모은 돈이 유리병에 한 푼 두 푼 쌓였어요.

나는 월급을 받으면 제일 먼저 유리병에 넣었어요. 그러고는 머리 위로 높이 들어 보기도 하고, 병 속에 얼마가 있는지 빤히 알면서도 바닥에 모조리 쏟아붓고 하나하나 세 보기도 했어요. 밥을 안 먹어도 배부르다는 게 어떤 건지 알겠더라고요.

"엄마, 이만큼 되면 한국에 갈 수 있나?"

나는 병을 멀찍이 들어 가운데를 짚었어요.

바닥에 이부자리를 깔던 엄마가 빙그레 웃었어요.

"좀 더 채워야지."

"그럼, 이만큼?"

엄마가 고개를 가로저으며 부드럽게 말했어요.

"구멍 끝까지 꽉 차면 그땐 갈 수 있지."

한숨이 절로 나왔어요. 우리가 가진 돈은 이제 겨우 절반 정도 찼거든요.

내가 실망스런 표정을 짓자, 엄마가 다가앉아 빨갛게 부르튼 내 손등을 쓰다듬었어요.

"어쩌면 1년이 걸릴지, 2년이 걸릴지 몰라. 더 오래 걸릴 수도 있고. 하지만 돈은 계속해서 쌓일 테고, 언젠가는 병이 가득 채워질 날이 오지 않겠니? 그게 중요한 거지."

'언젠가는 그런 날이 온다, 언젠가는 꼭 한국에 갈 수 있다!'

그렇게 되뇌자 가슴 한구석이 뜨뜻해지면서 마음이 한결 놓이는 거 있죠? 까짓, 조금 더 못 기다릴까 싶었어요.

"엄마! 병을 어디다 감출까?"

우리는 병을 사이에 두고 곰곰이 생각했어요. 그러다 헛간 짚더미 밑에 숨기기로 했어요. 쾨쾨한 냄새가 나기는 하지만 엄마랑 내가 제일 오래 머무르는 곳이거든요.

헛간에 엄마랑 나랑 유리병이 함께 있다고 생각하니 마음이 든든

했어요.

  하지만 우리에게도 결국 그날이 닥치고 말았습니다.
  "카이먼, 워스 징차(문 열어, 나는 경찰이다)!"
  한밤중에 누군가 대문을 걷어찼어요. 옆집 개도 왕왕 짖어댔어요. 나는 눈이 번쩍 떠졌어요. 언제 일어났는지, 엄마는 문 앞에 바짝 붙어 그 틈으로 밖을 살피고 있었어요. 엄마가 맥없이 주저앉았어요. 창문으로 들어온 달빛에 파랗게 질린 얼굴이 보였어요. 말을 듣지 않아도 공안이라는 걸 알 수 있었어요.
  공안이 들이닥치면 어떻게 해야 하는지 엄마랑 수십 번도 더 연습했는데 순간 머릿속이 하얘졌어요. 얼른 빗장을 걸어야 하는데 발로 대문을 쾅쾅 차는 소리에 다리가 후들후들 떨려 일어나기도 힘들었어요. 서너 사람이 잇달아 욕하는 소리가 들리더니, 담을 펄쩍펄쩍 뛰어넘는 소리도 들렸어요. 둔탁한 구두 소리가 단숨에 마루를 지나 방문 쪽을 향했어요.
  "청혜야, 가자!"
  엄마가 떨리는 손으로 빗장을 걸었어요. 그러고는 구석에 세워 둔 의자를 밟고 몸만 간신히 빠져나갈 수 있는 창문을 열었어요. 창문

밖으로는 옆집 슬레이트 지붕이 닿을 듯이 덮여 있어요.

옆집 지붕에 올라선 엄마가 창틀을 붙잡은 채 몸을 숙여 한쪽 팔을 내게 뻗었어요. 나는 단숨에 엄마 손을 잡고 창턱에 몸을 반쯤 걸쳤어요.

'아차, 병!'

그제야 짚더미 아래 숨겨 둔 유리병이 생각났어요. 이제 제법 돈이 차서 조금만 더 모으면 되거든요.

나는 재빨리 의자에서 내려와 짚더미를 마구 헤집었어요. 마음이 급해서 그런지 좀처럼 병이 손에 닿지 않았어요.

"어서 안 오고 뭐해?"

엄마가 재촉했지만 귀에 들어오지 않았어요. 어떻게 모은 돈인데요. 조금만 더 모으면 한국에 갈 수 있는 돈인데, 그걸 어떻게 두고 가겠어요?

그때 사납게 떠드는 소리가 들렸어요. 부엌문이며 광문을 부술 듯이 벌컥벌컥 열어젖히는 소리도 들렸어요. 순옥이 아줌마가 어떻게든 시간을 벌려고 공안을 붙들고 얘기하는 소리도 들렸어요. 이제 우리가 있는 헛간 차례예요.

때마침 내 손에 딱딱한 병이 닿았어요.

하지만 병을 꺼내 들자마자 손에서 미끄러져 저만치 굴러갔어요. 그동안 모은 돈이 바닥에 죄다 쏟아졌어요. 내가 닥치는 대로 돈을 주머니에 쑤셔 넣자, 엄마가 어느 틈에 내려와 나를 잡아끌었어요. 엄마는 나를 먼저 창문으로 밀어 올렸어요. 공안들이 헛간 문을 걷어찼어요.

창문을 빠져나온 엄마는 사정없이 나를 지붕으로 끌고 갔어요. 그 높고 가파른 지붕들을 무슨 정신으로 디뎠는지 몰라요. 사람들 떠드는 소리와 개 짖는 소리가 엉켜 여기저기서 들렸어요.

마을을 빠져나온 우리는 어두컴컴한 산속을 어디가 어딘지도 모른 채 무작정 헤쳐 나갔어요. 어디로 가는지는 중요하지 않았어요. 어디로든 가는 게 더 중요했어요.

숨이 턱까지 차올라 더는 한 발자국도 갈 수 없을 때쯤 나는 바닥에 주저앉았어요. 엄마도 어쩔 수 없이 내 옆에 앉아 가쁜 숨을 토해 냈어요. 다행히 더 이상 공안이 쫓아오는 것 같지는 않았어요.

어느새 빨갛게 달아오른 해가 뜨고 있어요. 우리는 이렇게 힘든데 여전히 날이 밝고 있어요. 분하고 억울하고 서러워요. 붙잡히지 않은 것만도 천만다행이라는 거 알아요. 돈은 또 모으면 되고요.

머리로는 다 아는데, 온몸에 기운이 쭉 빠져요. 아무리 눈에 힘을 줘도 눈물이 차올라요.

저 해를 한국에서도 볼 수 있을까요? 그런 날이 우리에게도 올까요?

다시 해를 볼 때는 울고 있지 않을 거예요. 그게 한국에서라면 더욱 좋고요.

그러려면 힘을 내야 해요. 또다시 공안에게 쫓길지 모르지만, 어쩌면 우리가 생각했던 것보다 한국에 가는 날이 훨씬 늦어질지도 모르지만 말이에요.

나는 자리에서 일어나 엄마에게 손을 내밀었어요. 눈가가 축축하게 젖은 엄마가 애써 웃으며 내 손을 맞잡았어요. 나는 팔에 힘을 주어 있는 힘껏 엄마를 일으켰어요.

"엄마, 가요!"

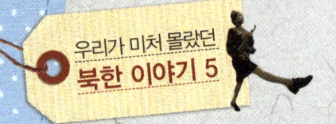
우리가 미처 몰랐던
북한 이야기 5

배급사회인 북한의 의식주 생활은 어떨까?

북한은 '주민들에게 필요한 모든 것을 나라에서 공급해 준다'고 선전해왔고, 의식주 생활도 국가공급제로 유지해왔다. 하지만 1990년대 이후부터는 매우 심각한 경제난으로 인해 주민들은 기본적인 의식주 생활조차 제대로 보장받지 못하고 있다.

의생활-과거에는 주민들이 일상복을 공급받았지만 경제가 어려워진 뒤로는 스스로 만들어 입거나 장마당에서 사서 입는다. 최근에는 주민들의 경제적 능력에 따라 옷차림이 달라지고 있는데, 부자들은 멋을 중시해서 비싼 외국산 옷을 사 입는 반면, 중산층은 싼 가격과 편안함을 중시하고, 가난한 서민들은 옷차림에 신경조차 쓰지 못한다.

식생활-북한에서는 이미 1980년대 중반부터 '의식주'를 '식의주'라고 순서를 바꾸어 부를 만큼 일상생활에서 '먹는 문제'를 중요하게 생각해왔다. 배급되는 식량의 양과 질은 사는 곳과 사회적 신분, 직업, 나이에 따라 달라진다. 하지만 식량 배급 역시 1995

년 이후 사실상 중단되었다. 따라서 주민들은 직접 장마당에 나가 각자 능력껏 식량을 구입할 수밖에 없는 실정이다. 경우에 따라서는 산에 올라가 나물을 뜯어 먹거나 위험을 무릅쓰고 협동농장에서 식량을 훔치기도 한다. 사정이 이렇다 보니 개인의 식성과 기호

에 의한 식생활은커녕 최소한의 영양섭취도 못해 굶어 죽는 사람들이 늘고 있다.

주생활-북한은 기본적으로 개인의 재산을 인정하지 않는 나라이기 때문에 주택을 소유할 수 없으며 나라의 허가 없이 마음대로 집을 짓거나 허물 경우에는 처벌을 받게 된다. 사회적 신분과 직업, 직책에 따라 국가로부터 집을 배정받아 사용료를 내며 이용해야 한다.
또 북한에서는 이동과 여행의 자유가 없기 때문에 자기가 사는 곳을 벗어나 다른 지역을 방문하거나 다른 지역에 사는 친척 집을 방문할 때도 미리 여행증명서를 발급받아야 한다. 정해진 기간 안에 집으로 돌아가지 않거나 증명서 없이 다니다가 붙잡히면 무거운 처벌을 받는다.

브로커 삼촌은 늘 깨끗이 씻으라고 했어요.
북한 표시가 나는 옷은 모조리 버리고 밝고 화사한 중국 옷으로 나누어 주었어요.
신발이며 속옷까지도 말이에요.
지금 우리는 중국에 놀러 온 관광객 차림을 하고 있어요.
그런데 왜 이렇게 가슴이 뛸까요?
구두 소리가 점점 커질수록 심장이 어찌나 뛰는지
공안이 그 소리를 다 듣고 나를 잡아 세울 것만 같아요.

North

6. 세상에서 가장 위험한 여행을 떠나요

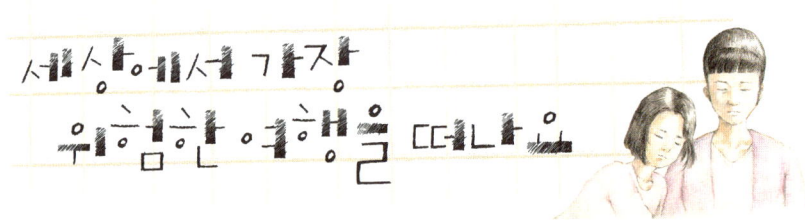

중국 연길에 있는 은신처.

여기는 북한을 탈출한 사람들이 잠시 숨어 있는 곳이에요.

은신처에는 스무 살 때 중국에 팔려가 매를 맞고 살았다는 정옥 언니, 두 아이가 모두 굶어 죽어 북한에서는 도저히 살 수 없었다는 희덕 이모, 출신 성분이 나쁘다는 이유로 평생을 산골 오지에서 산 준범이 삼촌, 죽는 것보다 북한에 다시 돌아가는 게 더 무섭다는 형필 오빠, 그리고 나 이렇게 다섯 명이 있어요. 이곳에서 나는 나이가 제일 어리기 때문에 막내로 통해요. 나 또한 아저씨는

'삼촌', 아줌마는 '이모'라고 부르지요. 우리는 저마다 고향이 다르고 탈북을 한 이유도 다르지만, 같은 민족이라는 끈으로 끈끈하게 연결되어 있어요.

나는 열두 살 림홍진입니다. 북한에서 할아버지랑 살다 한국으로 먼저 간 엄마에게 가는 길이에요. 엄마가 한국에 있다는 건 한참 후에야 알았어요. 사람들은 나에게 엄마가 어디에 있는지, 우리가 어디로 가는지 아무것도 알려 주지 않았어요. 이동을 하던 중 공안이나 국경경비대에 잡히면 겁을 먹고 모두 말해 버릴지 모르기 때문이에요. 그렇게 되면 강제로 북한에 보내지는데, 한국에 가려 했던 건 중국으로 넘어간 것보다 더 큰 처벌을 받아요. 형필 오빠는 한 번 북송된 적이 있는데 그때 얼마나 무섭고 힘들었는지 두 번째 붙잡혔을 때는 쇠로 된 시곗줄을 삼켰대요. 다행히 병원으로 옮기는 중에 틈을 봐서 도망을 친 거예요. 형필 오빠는 이번이 세 번째 탈출이에요.

우리는 이동하기에 적당한 날짜가 정해질 때까지 길을 안내해 주는 브로커 삼촌들의 철저한 통제 아래에서 지내야 해요. 외부 사람과 전화 통화를 해서도 안 되고, 밖에도 나가면 안 돼요. 소리가 새어 나갈까 봐 말도 크게 하지 못합니다. 오줌이 마려우면 꾹 참고 있다가 이웃에 사는 사람들이 다 출근한 후에야 화장실을 이용할 수 있어요.

우리가 이렇게 조심조심 행동하는 이유는, 이웃집에서 수상하게 여겨 공안에게 신고를 할지 모르기 때문이에요. 작은 실수에도 자신은 물론, 다른 사람들까지 위험해질 수 있기 때문에 서로가 항상 조심해야 해요.

오늘 밤만 지나면 우리는 이곳을 떠나요.

어두컴컴한 새벽, 우리 일행은 재빠르게 은신처를 빠져나왔어요. 어둠 속에 몸을 숨기며 도착한 곳은 은신처에서 얼마 떨어지지 않은 고속버스 터미널이에요. 우리는 버스에 올라타자마자 정해진 짝대로 둘씩 흩어져 앉았어요. 한곳에 모여 있다가 적발되면 다른 사람들까지 위험해질 수 있거든요.

시내를 벗어난 버스는 고속도로 진입로에 들어설 때쯤 속도를 늦췄어요. 공안들이 손을 흔들어 일일이 차를 세우고 있었지요. 공안들 뒤로 검문소도 보였어요.

나는 고개만 내밀어 사람들을 살폈어요. 모두들 얼굴에 불안한 기색이 역력해요. 탈출에 성공했다고 입이 닳도록 자랑했던 형필 오빠도 겁을 먹었는지 얼굴이 붉게 질려 있어요. 옆에 앉은 희덕 이모가

공안에게서 눈을 떼지 않은 채 낮게 말했어요.

"홍진아, 브로커 삼촌이 이럴 때 어떻게 하라고 했지?"

"눈 감고 자는 척하라고, 말을 걸어도 절대 입 열지 말라고요."

"맞아."

나는 연습했던 대로 이모 어깨에 기대어 두 눈을 감았어요. 이런 때를 대비해 브로커 삼촌은 이동 시 주의 사항을 귀에 딱지가 앉을 정도로 얘기했어요.

이모가 들릴 듯 말 듯 작은 목소리로 말했어요.

"뛰어, 하면 뒤도 돌아보지 말고 무조건 창밖으로 도망치는 거다."

나는 어떻게 저 창밖으로 도망치나 싶어 실눈을 뜨고 창을 쳐다봤어요. 이모가 내 고개를 다시 어깨에 기대게 하고는 지그시 눈을 감았어요. 더 이상 아무 말도 하지 않았지만 긴장을 했는지 눈꺼풀이 바르르 떨렸어요. 나도 눈을 감고 떨리는 마음을 가라앉히기 위해 주먹을 꽉 쥐었어요.

드디어 차가 멈추고 문이 열렸어요. 공안이 운전기사와 이야기하는 소리가 들리더니 곧 우리가 앉은 버스 뒤쪽을 향해 저벅저벅 걸어왔어요.

브로커 삼촌이 그러는데 공안은 모든 사람을 꼼꼼히 검사하는 건 아니래요. 하지만 척 보기만 해도 북한 사람인지, 중국 사람인지 다 구별할 수 있대요. 대부분의 북한 사람들은 하도 고생을 해서 얼굴이 새까만데다 땟국물이 흐르고, 옷도 넝마나 다름없대요. 그 말을 들으면서 내 차림새를 보니 삼촌 말이 딱 맞는 거 있죠?

브로커 삼촌은 늘 깨끗이 씻으라고 했어요. 북한 표시가 나는 옷은 모조리 버리고 밝고 화사한 중국 옷으로 나누어 주었어요. 신발이며 속옷까지도 말이에요.

지금 우리는 중국에 놀러 온 관광객 차림을 하고 있어요. 그런데 왜 이렇게 가슴이 뛸까요? 구두 소리가 점점 커질수록 심장이 어찌나 뛰는지 공안이 그 소리를 다 듣고 나를 잡아 세울 것만 같아요.

"칭추스 닌더 션펀젱(신분증 좀 봅시다)."

심장이 멎는 것 같았어요. 희덕 이모가 말한 그때가 지금인지 분간이 안 됐어요. 이모가 달달 떨리는 내 주먹을 꽉 쥐었어요.

"칭페이허 워먼더 꽁쭈오, 부야오 팡아이 꽁우(신분증 보자고요, 우리 업무에 협조해 주십시오)!"

"선생님, 한번만 살려 주십시오."

떨리는 목소리로 누군가 말했어요.

다행히 희덕 이모는 아니에요. 버스에는 우리 일행 말고도 북한 사람들이 더 있었던 거예요.

"이렇게 부탁드립니다. 지금 가면 제 아인 죽습니다!"

그 사람은 거의 울다시피 말을 했어요. 아무리 빌어도 공안이 꿈쩍을 안 하자 끌려가지 않으려고 의자를 마구 붙잡고 발버둥을 치는 게 다 느껴졌어요.

하지만 그것도 오래가지는 못했어요.

문이 닫히고 버스가 다시 출발했어요.

나는 그제야 눈을 떠 주위를 둘러보았어요. 우리 뒷자리에 앉아 있던 임신한 아줌마가 보이지 않았어요. 곳곳에 앉은 일행들의 얼굴이 붉다 못해 새하얗게 질려 있어요.

무사히 살아남아 다행이라는 생각보다, 우리도 언젠가는 그 아줌마처럼 잡혀갈지 모른다는 불안감 때문이에요.

우리는 이렇게 아슬아슬한 검문을 두 번이나 더 거쳤어요. 언제 어디서 검문을 당할지 모른다는 불안감 때문에 음식을 먹을 수도, 눈을 붙일 수도 없었어요.

버스가 서자마자 우리는 두 조로 나뉘어 서로 다른 여관으로 들어갔어요. 나, 희덕 이모, 형필 오빠가 한 조예요. 우리는 브로커 삼촌이 사다 준 빵과 우유로 간단히 배를 채우고는 옷을 입은 채 자리에 누웠어요. 긴장이 풀리자 그제야 허리가 끊어질 듯 아프고 무릎이 콕콕 쑤셨어요.

나는 눈을 감았어요. 오늘 하루 있었던 일들이 연이어 떠올랐어요. 그중에서도 아줌마가 끌려가면서 울부짖던 목소리는 아직도 귓가에 생생해요. 나는 고개를 흔들어 생각을 떨쳐 냈어요.

낮에 버스를 타고 가면서 보았던 가로수들을 생각했어요. 중국에 와서 놀란 건 흰 쌀밥도, 으리으리하게 높은 건물도 아니에요. 나를 정말 놀라게 한 건 길가에 서 있는 가로수들이었어요.

북한에는 산에도 나무가 없는데 여긴 눈만 돌리면 어디에든 나무가 있었으니까요.

'저 나무들만 몽땅 뽑아 가도 우리 할아버지 며칠은 굶지 않을 텐데……'

오늘도 굶고 있을 할아버지가 생각났어요.

아빠가 돌아가시고 몇 달이 지나자 굶는 날이 점점 늘어났어요. 엄마는 반나절을 걸어 친척 집에 식량을 구하러 다녔지만 그쪽도 사정이 어렵기는 마찬가지였어요. 엄마는 더 먼 곳으로 식량을 구하러 간다고 했어요. 이번에는 꽤 걸린다고도 했지요. 하지만 그게 이렇게 오래 걸릴 줄은 꿈에도 몰랐어요. 엄마를 못 본 지 5년이나 된 거예요.

한동안은 매일 밤마다 엄마를 데려오라며 울었어요. 나중에는 누가 엄마 얘기만 해도 발끈 화를 냈지만요. 그런데도 할아버지는 나를 나무라지 않았어요. 오히려 내 마음이 풀릴 때까지 곁에서 달래주었지요.

내가 더 이상 엄마를 찾지 않을 때쯤, 한 남자가 찾아와 엄마가 나를 보고 싶어 한다고 했어요. 그 아저씨가 바로 브로커 삼촌들 중 한 명이에요. 브로커 삼촌은 어딘가로 전화를 걸더니 손전화기를 내 귀에 대 주었어요.

"홍진아, 엄마야!"

수화기 너머로 엄마 목소리가 들렸어요.

다 잊은 줄 알았던 엄마 얼굴이며 목소리가 오롯이 떠올랐어요. 목이 뻑뻑해지면서 눈물이 나오려고 했지만 나는 안 울었어요. 하지만 엄마는 우느라 한동안 말을 잇지 못했어요. 엄마는 나와 할아버지를 데려오기 위해 그동안 단 하루도 쉬지 않고 일했대요. 우리가 함께 살 생각을 하면 힘든 줄도 몰랐대요. 그런데 만약 나와 할아버지가 오지 않으면 정말 힘들 것 같다고 했어요. 엄마는 매일 밤마다 우리가 함께 살게 해 달라고 빌고 또 빈다고 했어요.

하지만 할아버지는 북한에 남겠다고 했어요. 불편한 몸으로 가다 붙잡히면 나까지 곤혹을 치른다며 거듭 안 가겠다고 했어요. 아무리 떼를 써도 이번에는 내 말을 들어주지 않았어요.

날이 밝기도 전, 우리는 서둘러 여관을 떠나 터미널로 향했어요. 막 출발하기 직전에 버스에 올라타자, 곳곳에 숨어 있던 다른 조 사람들도 뒤따라 버스에 올랐어요.

열 시간 정도를 달려 도착한 곳은 중국 대륙의 끝자락에 위치한 쿤밍(昆明)이에요. 중국과 라오스의 국경 지역에 위치한 도시지요. 여기서부터는 브로커 삼촌들이 돌아가고 현지 사정을 잘 알고 있는 다른 브로커 삼촌이 길을 안내했어요.

새로운 브로커 삼촌이 험악한 목소리로 말했어요.

"내 말만 잘 들으면 살 수 있다. 하지만 한 명이라도 어길 때는 모두 버리고 간다."

바짝 긴장한 우리는 알겠다는 대답도 못하고 서로의 얼굴만 살폈어요.

우리는 중국말을 잘하는 사람을 중심으로 세 명씩 짝을 지어 택

시를 타고 국경 부근에 위치한 마을로 이동했어요. 국경 지역에 가까이 오자 경비는 더욱 삼엄했어요. 많은 탈북자들이 이곳을 통해 중국을 벗어나기 때문이에요. 붙잡히는 탈북자도 그 수를 헤아릴 수 없을 정도로 악명이 높은 곳이래요. 마을까지 가는 동안에도 허리에 총을 찬 국경경비대 대원들이 곳곳에서 불심검문을 했어요. 지나가는 차들을 세워 신분증을 검사하고 짐칸까지 샅샅이 확인했지요. 돼지를 실은 트럭 짐칸이나 생선을 실은 냉동차에서도 사람들이 우르르 끌려 나왔어요.

우리를 태운 택시는 재빨리 방향을 돌려 비포장도로로 들어섰어요. 논과 밭을 한참 동안 지나 다 쓰러져 가는 농가에 도착했어요.

은신처에 들어간 순간 긴장이 풀리면서 다리에 힘이 하나도 없었어요. 브로커 삼촌이 밥과 국물을 가져왔지만 배가 전혀 고프지 않았어요. 어제부터 제대로 된 식사를 못했는데도 말이에요.

브로커 삼촌은 아무리 입맛이 없어도 그릇을 싹 비우라고 했어요. 조금 있으면 열 시간 넘게 산을 타야 하고, 또 어쩌면 이 밥이 마지막 식사가 될지도 모른다면서요.

우리는 국물에 밥을 말아 꾸역꾸역 입에 밀어 넣었어요. 밥이 아닌 모래알을 씹는 것 같았어요. 그래도 나는 사발 밑바닥까지 싹싹 긁어 밥알을 한 톨도 남기지 않았어요. 남은 국물까지 사발째 들어쪽 들이켜자 산을 탈 수 있는 힘이 조금은 생긴 것 같아 안심이 되었어요. 좀 천천히 맛을 느끼며 먹을 걸 그랬나 하는 아쉬움도 들었고요.

브로커 삼촌은 이동하기 전까지 모두 눈을 붙이라고 했어요.

자리에 누웠는데도 잠이 오지 않았어요. 다른 사람들도 나와 같은 마음인지 이리저리 뒤척이는가 하면 한숨을 내쉬었어요. 우리에게는 오늘이 중국에서 보내는 마지막 밤이에요.

"이날만을 손꼽아 기다렸는데, 막상 떠난다니 마음이 싱숭생숭하네. 분위기도 풀 겸, 우리 막내 노래 한 곡 뽑아 봐라."

옆에 누운 희덕 이모가 내 머리를 쓸어 넘겼어요.

다들 기다렸다는 듯이 거들었어요.

"그래, 우리 홍진이 가수가 꿈이라 했지? 한 곡조 쫙 뽑아 봐."

"홍진이 노래 들으면 기운이 불끈불끈 솟을 거 같다."

나는 브로커 삼촌이 안 된다고 하면 어쩌나 싶어 잠시 뜸을 들였어요. 그런데 웬일인지 아무 말도 하지 않았어요.

나는 목소리를 가다듬고는 노래를 불렀어요.

아 내 고향
민들레 곱게 핀 언덕에 앉아
기름진 달래벌 바라볼 때면
출렁출렁 흘러드는 석개울 물소리
이 가슴 적셔주네 아 내 고향

캄캄하고 조용한 방 안에 노랫소리가 퍼졌습니다.

고향에서는 수십 번을 불러도 아무렇지 않던 노래였는데, 지금은 가사 하나하나가 마음에 와 박혀요. 나는 내가 고향을 얼마나 사랑하는지 그제야 알았어요. 배부른 것보다 굶주림에 익숙했던 곳, 마음 편히 공부 한번 못해 본 곳, 즐거운 일보다 가슴 아픈 일이 더 많았던 곳이지만 그곳에는 내 어릴 적 모든 추억이 담겨 있었어요.

노래가 끝났는데도 사람들은 한동안 아무 말도 하지 않았어요. 들릴 듯 말 듯 훌쩍이는 소리만 들렸지요.

"사는 게 고돼서, 이가 갈리도록 힘들어서 떠났는데도 가슴이 이렇게 아리네."

"우리가 어디 고향이 싫어서 떠났습니까?"

"말 나온 김에 고향 땅을 향해 절이라도 올립시다."

준범이 삼촌 말에 형필 오빠가 기다렸다는 듯이 불을 켰어요. 모두들 눈이 빨개요.

우리는 고향 땅을 향해 큰절을 올렸어요. 무사히 한국에 도착하게 해 달라고, 언젠가는 반드시 꼭 돌아오겠다고 기도를 드렸어요.

나는 속으로 하나 더 기도했어요.

'할아버지, 나 조금 있으면 중국을 떠나요. 그럼 할아버지랑 더 멀어지는 거예요. 할아버지, 엄마랑 꼭 돌아갈 테니까 그때까지 아프지 말고 오래오래 사셔야 해요. 할아버지가 많이 보고 싶을 거예요.'

밤이 되자 우리 일행은 국경을 넘기 위해 산악 지대로 이동했어요. 도로를 이용하는 것보다 멀리 돌아가기는 하지만 그나마 검문을 피할 수 있기 때문이에요. 그렇다고 여기도 안전한 건 아니에요. 산 곳곳에 국경경비대가 잠복해 있는가 하면 수시로 순찰을 돌거든요. 실제로 많은 탈북자들이 이 산을 넘다 국경경비대에 붙잡혔대요.

브로커 삼촌이 손전등을 나눠 주며 엄한 목소리로 말했어요.

"무슨 소리든 났다 하면 꺼. 안 그랬다간 국경경비대의 총알받이가 된다."

브로커 삼촌은 뒤도 안 돌아보고 성큼성큼 산을 올랐어요.

산속은 한 치 앞도 보이지 않을 만큼 온통 어두웠어요. 우리는 간격이 벌어질세라 손전등으로 불을 밝히며 어두운 숲을 헤쳐 나갔어요. 며칠 전 내린 폭우로 땅이 질퍽거려 발을 디디기도 힘들었어요. 무성하게 자란 풀들이 팔다리를 할퀴었어요.

산길이 막혀 버리자 브로커 삼촌은 아예 계곡 속으로 들어가 물살을 거슬러 올라갔어요. 우리 역시 옷을 입은 채로 물속에 들어갔어요. 오랜 시간 산을 오르는 것도 힘들지만, 물살을 거슬러 올라가는 건 그보다 몇 배나 더 힘들었어요. 종아리쯤 닿았던 물이 턱까지 차오르자 나는 그만 발을 헛디뎌 물속에서 허우적거렸어요. 텀벙텀벙 걸어오는 소리가 나더니 누군가 나를 우악스레 들어 올렸어요.

"림홍진, 정신 안 차려?"

브로커 삼촌이 불같이 화를 냈어요.

나는 물에 빠진 것보다 삼촌이 화를 내는 게 더 무서웠어요. 괜히 기가 죽어 고개를 숙이고 있자 삼촌이 좀 누그러진 목소리로 사람들을 향해 말했어요.

"여기서 잠깐 쉰다!"

물에 빠진 생쥐 꼴이 된 나는 형필 오빠가 깔아 준 비닐박막 위에 쓰러지듯 누웠어요. 화장실이 급한 사람은 그제야 멀찌감치 떨어진 곳에 흙을 파 볼일을 봤어요. 산을 탄 지 꼬박 네 시간 만에 휴식을 취하는 거예요.

북한에 있을 때는 반나절이 걸리는 길도 거뜬히 걸어 다녔는데, 며칠 동안 제대로 쉬지 못해서 그런지 몸이 영 말을 듣지 않았어요. 다리는 온통 풀에 쓸려 상처투성이였고, 몸이 끈적끈적해서인지 산모기며 날벌레들이 달려들었지만 쫓을 기운도 없었어요. 이미 축축하게 젖은데다 날이 어두워져 기온이 내려가자 온몸이 떨려 오기 시작했어요. 불이라도 피우면 좀 나을 것 같은데 국경경비대가 냄새를 맡을까 봐 그러지도 못했어요.

희덕 이모가 입고 있던 얇은 잠바를 벗어 내 몸 위에 덮어 주었어요. 정옥 언니는 부스럭부스럭 소리를 내더니 사탕 한 알을 까 내 입에 넣어 주었어요.

"우리 막내 기특하네. 힘들다고 투정부리지도 않고."

콧등이 시큰하더니 눈물이 핑 돌았어요.

나는 울지 않으려고 입 안에 든 사탕을 이리저리 굴렸어요.

휴식은 30분 만에 끝이 났어요.

다시 고된 산행이 시작됐어요. 숨이 턱까지 차고 입 안이 바짝 말랐어요. 내리막길에서는 다리가 풀려 거의 미끄러지다시피 내려갔어요. 가도 가도 끝이 없었어요.

엄마를 생각하고 할아버지를 생각하며 걷던 그 길을 이젠 아무 생각 없이 걷고 있어요. 발을 떼는 것조차 힘에 부쳤어요. 이제 도저히 못 가겠다 싶을 때쯤 중국을 벗어났다고 브로커 삼촌이 말했어요.

올라온 길만큼 다시 라오스 쪽으로 내려갔을 때는 약속 시간보다 한참이나 지나 있었어요. 우리를 태우기로 한 버스는 보이지 않았어요.

우리는 국경경비대가 언제 순찰을 돌지 몰라 한참을 논에 숨어 버스를 기다렸어요. 라오스는 북한이 요구한 대로 국경 지역의 검문을 특히 강화시켰어요. 이곳도 중국처럼 탈북자들이 발각되면 즉시 북한으로 돌려보내요. 최근에는 많은 탈북자들이 라오스를 통해 태국으로 넘어가기 때문에 더욱 삼엄하게 경비를 서고 있어요.

멀리서 자동차 소리가 나더니 조그만 버스 한 대가 조명도 켜지 않은 채 우리 쪽으로 다가왔어요. 우리가 잽싸게 차에 올라타자 버스는 어둠을 가르며 달리기 시작했어요. 이런 일을 꽤 많이 해 본 것처럼 구불구불한 비포장도로를 잘도 달렸어요.

30도에 가까운 찜통더위에 꼬박 반나절을 덜컹거리는 차에 있다 보니 속이 메스꺼웠어요. 우리는 너나 할 것 없이 모두 비닐봉투를 하나씩 들고 멀미를 하기 시작했어요. 한 사람이 멀미를 하자 그 역한 냄새 때문에 다른 사람들도 덩달아 멀미를 했지요. 몸속에 남은 물까지 모조리 게워 냈을 때는 그나마 남아 있던 힘마저 사라졌어요. 하지만 누구 하나 불평하지 않았어요. 여기까지 온 것만으로도 우리 모두 운이 좋다는 걸 잘 알기 때문이에요.

산악 지대를 온종일 달린 후에야 마지막 목적지인 메콩 강이 펼쳐졌어요. 메콩 강은 라오스와 태국 사이에 흐르는 강이에요. 이 강만 건너면 붙잡힐까 봐 걱정하지 않아도 된대요. 태국은 고맙게도 우리 같은 탈북자들을 북한으로 돌려보내지는 않는대요.

하지만 나는 그 말이 하나도 귀에 들어오지 않았어요. 고열에 시

달리느라 물을 마시기도 힘들었어요. 나에게는 울 힘도 남아 있지 않았어요.

"홍진아! 저 강 너머에 엄마가 있대. 우리 홍진이 보고 싶어서 엄마가 여기까지 와서 기다리고 있대."

희덕 이모가 강 맞은편을 가리켰어요.

'저 강 너머에 엄마가 있다니……!'

그동안 참고 있던 눈물이 주르르 흘렀어요.

엄마가 기다리고 있다는 것만으로도 몸에 다시 힘이 생겼어요. 거짓말처럼 머리가 하나도 아프지 않았어요. 나는 눈물을 훔쳤어요. 5년 만에 엄마를 만나는데 우는 모습을 보이면 안 되잖아요.

우리는 수풀에 몸을 숨겼어요.

조금 있자 강 너머에서 불빛이 깜빡거렸어요. 국경 경비병이 자리를 비웠다는 신호예요. 곧 가랑잎처럼 폭이 좁은 고속 보트가 이쪽으로 다가왔어요. 우리를 태국까지 데려다 줄 구원의 배예요.

배가 강변에 닿기 무섭게 브로커 삼촌이 재촉했어요.

"빨리 빨리 뛰어!"

우리는 서둘러 수풀에서 빠져나와 허둥지둥 배에 올라탔어요. 둘씩 어깨를 맞대고 앉자 배가 꽉 찼어요. 누런 강바닥에 악어가 돌아

다니고 있다는데 배에는 안전장치는커녕 구명조끼 하나 없었어요.

"배가 뒤집히면 그대로 악어 밥이 된다. 중심 잃지 않게 온몸에 힘 꽉 주고 있어."

브로커 삼촌의 말이 끝나자마자 보트가 출발했어요.

나는 몸에 힘을 잔뜩 주고 물에 빠지지 않게 뱃전을 꼭 붙들었어요. 눈보라가 일듯 사방으로 물살이 튀었어요. 귀청이 떨어져 나갈 것처럼 굉음이 울렸어요.

나는 우리가 지나온 길을 돌아봤어요. 배 꽁무니를 따라 하얗게 물길이 그어져 있고 그 뒤로 라오스가 점점 물러나고 있어요.

무사히 태국 땅에 도착한 우리 일행은 한 달 동안 태국의 이민국 보호소에 있었어요. 태국은 우리를 북한으로 돌려보내지는 않지만, 불법으로 국경을 넘은 것에 대해서는 벌금을 내게 하거나 벌금을 내지 못하면 한 달 동안 보호소에서 지내도록 하거든요. 그런 다음에 한국으로 보내 주는 거래요.

한 달을 무사히 보내고, 나는 지금 비행기 안에 있어요. 저기, 구름 아래로 보이는 곳이 한국이래요.

벌써부터 가슴이 막 두근거려요. 엄마를 만나기 위해 메콩 강을 건널 때처럼 설레요.

  엄마는 한국에서도 힘든 일은 있을 거라고 했어요. 낯선 땅에서 낯선 사람들과 사는데 어떻게 쉽기만 하겠어요? 하지만 나는 그 어떤 일도 다 이겨 낼 준비가 되어 있어요. 내 곁에는 엄마가 있고, 언젠가는 꼭 모시고 올 할아버지가 있잖아요.

  그리고 무엇보다 그 어떤 어려움도 이겨 냈던 '나'인걸요.

  나는 지금 내 또 다른 고향이자, 조국이 될 한국에 가고 있어요.

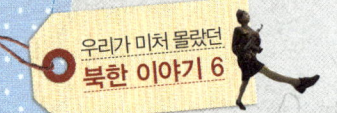

우리가 미처 몰랐던
북한 이야기 6

북한의 명절은
남한과 어떻게 다를까?

우리나라에서는 설과 추석이 민족 최대의 명절이지만 북한에서는 김일성과 김정일 두 사람의 생일('태양절'이라고도 불림)을 민족 최대 명절로 여긴다.
북한에서는 일찍이 설이나 추석과 같은 민속명절을 없애 버려야 할 낡은 것들이라고 깎아내리는 한편, 김일성과 김정일 생일을 가장 경사스러운 날이라고 추켜세우기 시작했다. 하지만 많은 주민들이 그에 따르지 않고 설과 추석에 몰래 차례를 지내며 전통을 버리지 않자, 1970년대에 들어서면서 점차 추석을 쇠는 것을 눈감아 주기 시작하다가 1988~1989년에 이르러 추석, 설날, 한식, 단오를 공식 명절에 포함시켰다.

그러나 북한에서 가장 중요한 명절은 여전히 김일성과 김정일의 생일날이다. 거리 곳곳마다 수많은 사람들이 모여 춤을 추는 무도회가 열리고, 평양에서는 막대한 돈을 들여 대규모 불꽃놀이 행사도 열어 분위기를 한껏 띄운다. 김일성과 김정일을 위해 목숨도 바칠 것을 다짐하게 하는 궐기대회도 곳곳에

서 열린다.

하지만 사람들이 이런 날을 손꼽아 기다리는 이유는 따로 있다. 김일성, 김정일의 선물이라며 보통 1일분의 쌀이나 15일분의 옥수수, 식용유, 비누, 술이 전국의 모든 가정에 특별 공급되기 때문이다. 이 밖에도 각 공장이나 직장별로 돼지고기나 술, 설탕 등을 추가로 주기도 한다.

어린이들도 평소에는 구경하기 힘든 사탕, 캐러멜, 과자 등 간식에서부터 때에 따라 옷을 받기도 한다. 북한의 아이들이 2월 16일과 4월 15일을 손꼽아 기다리는 이유도 바로 그 때문이다. 1년 내내 먹을 것이 없어 사람들이 굶어 죽더라도 김일성, 김정일 생일날만큼은 특별히 후하게 베푸는 것처럼 과시함으로써, 두 사람을 무조건 숭배하도록 만든다.

명칭	국가명절	명칭	민속명절
김정일 생일	2월 16일	설날	1월 1일
국제부녀절	3월 8일	한식	4월 6일
김일성 생일	4월 15일	단오	음력 5월 5일
조선인민군 창건기념일	4월 25일	추석	음력 8월 15일
국제 노동절	5월 1일		
조국해방전쟁승리기념일	7월 27일		
해방 기념일	8월 15일		
정권 창건일	9월 9일		
노동당 창건일	10월 10일		
헌법절	12월 27일		

넌 네가 얼마나 행복한 아이인지 아니?
북한 아이들 이야기

2011년 10월 21일 초판 1쇄 발행
2020년 6월 15일 초판 10쇄 발행

지은이 | 이은서
그린이 | 강춘혁
감　수 | 사단법인 북한인권시민연합

자료협조 | 사단법인 북한인권시민연합
사진협조 | 자유북한방송

펴낸이 | 김영철
펴낸곳 | 국민출판사
등록 | 제6-0515호
주소 | 서울특별시 마포구 서교동 382-14
전화 | (02)322-2434(대표)　　**팩스** | (02)322-2083
홈페이지 | www.kukminpub.com

편집 | 양승순 · 김옥남 · 최용환　　**디자인** | 서정희
영업 | 김종헌 · 이민욱　　**관리** | 한정숙

ⓒ이은서, 2011
ISBN 978-89-8165-223-4　73810

*잘못된 책은 구입한 서점에서 교환하여 드립니다.

홍진아 힘내!
우리가 있잖아!

'세상에서 가장 위험한 여행'을 떠난
홍진이는 머지않아 대한민국에 도착합니다.
더 이상 엄마와 떨어져 있지 않아도 되고,
끼니를 굶지 않아도 됩니다.
하지만 남한에 와서 또 다른 문제를 겪고 있는
홍진이와 같은 친구들을 우리는 어렵지 않게 찾아볼 수 있습니다.
가족 없이 혈혈단신 혼자 살아야 하는 친구
중국에서 너무 오래 지내 우리말을 까먹은 친구
남한 아이들의 따돌림으로 마음에 상처를 입은 친구…….

홍진이와 같은 탈북 어린이들에게
정부에서 도움을 주고는 있지만 그것만으로는 공부하고
생활하기에 부족하고 힘듭니다.
여러분의 관심과 따뜻한 도움을 기다립니다.

국민출판사는 사단법인 북한인권시민연합과 함께 탈북 어린이들을 돕고 있습니다.

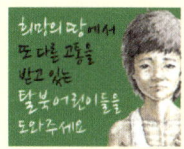

사단법인 북한인권시민연합 홈페이지에
www.nkhumanrights.or.kr
자세한 후원 방법이 실려 있습니다.